עדנה גינוסר

טעם של עברית

חוברת תרגילים

ספרי אורה

Edna Genossar

A Taste of Hebrew
Workbook

Apartment and City illustrations by Ben Chase

Published by Orah Books
Oakton Street, 2C 828
Evanston, IL 60202

Printed in the United States of America
1999, 2012, 2014

ISBN 0-9672541-1-6

LEARNING TIPS FOR THE BEGINNER STUDENT

A foreign-language course is different from any other course you have taken before: you must study every day, because it is much harder to catch up than to keep up. In learning a foreign language, the basic information you do not master today, will come back to haunt you tomorrow. Cramming does not work for language acquisition. So, determine to work at it every day.

The three keys to success in studying a foreign language are a disciplined approach, willingness to participate in class, and doing assignments regularly.

IN CLASS

- When called on, speak out. Take a chance. Even if you make a mistake, you will benefit by being corrected. Wasting opportunities to speak will not enhance your speaking abilities.
- Practice saying "I don't know" in Hebrew, so that even when you cannot frame a good answer, you will have spoken Hebrew.
- Participate silently when others are called on in class.
- Volunteer to speak at every opportunity.

AT HOME

- Schedule your time to allow daily study periods.
- Most of your study time should be spent in memorization and practice.
- Study out loud: The key to speaking the language is imitation and memorization through repetition.

LEARNING STRATEGIES

- **Flash cards**
    - Make your own: Hebrew on the front, English on the back
    - Write phrases rather than isolated words
    - Note grammar features as well as meaning on the cards (e.g., feminine, adjective, past tense, etc.)
    - Shuffle the pack frequently
    - Keep the number of cards workable by putting aside those you have recited correctly five times in a row

- **Your own grammar notebook**
    Ultimately, the most useful organization is your own. It is a good idea to create lists of noteworthy items, such as classifications of nouns and verbs, syntax rules, etc. You may find that this personal grammar notebook will undergo changes as you develop a better "feel" for the language. Each new organization will stem from -- and lead to -- reevaluation and a bettter grasp of the language.

- **Study efficiently**
    - Distribute your practice time. For example, it is better to study your cards for ten mintes at a stretch, six different times, than to study them for one hour straight.
    - Regard your written homework assignment as if it were a quiz. Prepare for it by following these steps:
        - 10-15 minutes: Review your class notes thoroughly
        - 10-20 minutes: Make flash cards, and enter new data in your grammar notebook
        - 15-20 minutes: Recite new dialogue/text
        - 10-15 minutes: Study your flash cards
        - 10-15 minutes: Write your homework assignment
        - 5-10 minutes: Check your answers before turning in the assignment.

- **Seek out opportunities to speak and hear Hebrew outside the classroom**
    - Practice with a partner on a regular basis
    - Listen to Israeli songs
    - Watch Hebrew movies, news reports, and videos

THE HEBREW ALPHABET

THE CONSONANTS

Name	Pronunciation	Cursive	Printed
Alef	'( )	א	א
Bet	b	ב	בּ
Vet	v	ב	ב
Gimel	g	ג	ג
Dalet	d	ד	ד
He	h	ה	ה
Vav	v	ו	ו
Zayin	z	ז	ז
Xet	x	ח	ח
Tet	t	ט	ט
Yod	y	י	י
Kaf	k	כ	כּ
Xaf	x	(ך) כ	(ך) כ
Lamed	l	ל	ל
Mem	m	(ם) מ	(ם) מ
Nun	n	(ן) נ	(ן) נ
Samex	s	ס	ס
Ayin	'( )	ע	ע
Pe	p	פ	פּ
Fe	f	(ף) פ	(ף) פ
Cadi	c (ts)	(ץ) צ	(ץ) צ
Kof	k	ק	ק
Reš	r	ר	ר
Šin	š (sh)	שׁ	שׁ
Sin	s	שׂ	שׂ
Tav	t	ת	ת

1. Letters in brackets are variations of a single consonant.
2. Letters in parentheses appear only in word-final position.

SOME VOWELS

Name	Pronunciation[2]	Shape[1]
Kamác	a	___ ָ
Segól	e	___ ֶ
Xirík	i	___ ִ
Xolám malé	o	___ וֹ ___[3]
Šurúk	u	___ וּ ___[3]

[1] The horizontal lines represent the line on which consonants are written.

[2] A vowel is pronouned after the consonant below or after which it appears:

ba	בָ
ho	הוֹ

[3] When a dot is placed above or inside a vav, the vav is not a consonant but a vowel: either a xolám malé or a šurúk.

A. Copy in cursive letters the following lines of the first dialogue:

רות - שְׁמִי רות.

רות - שְׁמִי רות

____

דָּן - נָעִים מְאֹד, שְׁמִי דָּן.

____

____

רות - אַתָּה סְטוּדֶנְט?

____

____

דָּן - כֵּן, אֲנִי סְטוּדֶנְט. וְאַתְּ?

____

____

רות - גַּם אֲנִי סְטוּדֶנְטִית פֹּה. וְהוּא?

____

____

דָּן - גַּם הוּא תַּלְמִיד. שְׁמוֹ דָּוִד.

____

____

B. Copy the new vowels you found in the lines above and write in English letters their pronunciation:

Pronunciation	Vowel
________	______
________	______
________	______
________	______
________	______

C. Copy in cursive letters the following lines of the second dialogue:

דָּן - מֵאַיִן אַתְּ, רוּת?

____

____

רוּת - אֲנִי מִטֶּקְסַס.

____

____

דָּן - אַתְּ מִיּוּסְטוֹן אוֹ מִדַּלָּס?

____

____

רוּת - אֲנִי מֵאוֹסְטִין. וּמֵאַיִן אַתָּה?

____

____

דָּן - אֲנִי מֵאִילִינוֹי, וְגַם דָּוִד מֵאִילִינוֹי.

____

____

רוּת - אַתֶּם מִשִּׁיקָגוֹ?

____

____

דָּן - כֵּן, אֲנַחְנוּ מִשִּׁיקָגוֹ.

____

____

רוּת - גַּם רִנָּה מִשִּׁיקָגוֹ?

____

____

דָּן - לֹא, הִיא מִלּוֹס-אַנְגֶ'לֶס.

____

____

<u>IMPORTANT:</u> Before א, ה, ח, ע or ר, use מֵ-

מֵאַיִן אַתָּה?	מִיִּשְׂרָאֵל	מֵאָמֶרִיקָה
	מִמֶּכְּסִיקוֹ	מֵהוֹלַנְד
	מִפּוֹלַנְיָה	מֵחֵיפָה
		מֵעִירָק
		מֵרוּסְיָה

D. Reverse the roles in the first part of the dialogue. Ruth will say Dan's lines and vice versa:

דָּן: שְׁמִי דָּן ______________

רוּת: ______________

דָּן: ______________

רוּת: ______________

דָּן: ______________

<u>IMPORTANT</u>: Before פ, מ, ו, ב and the vowel <u>schwa</u>, use וּ instead of וְ

רוּת וְדָן

דָּן וְרוּת

רוּת וּבַתְיָה

דָּן וּוֶרֶד

דָּן וּמֹשֶׁה

דָּן וּפְנִינָה

דָּן וּשְׁמוּאֵל

THE HEBREW VOWELS

אָ	= קָמָץ	a	Kamác
אֵ	= צֵירֶה	e	Ceré
אִי	= חִירִיק מָלֵא	i	Full Xirík
אוֹ	= חוֹלָם מָלֵא	o	Full Xolám
אוּ	= שׁוּרוּק	u	Šurúk

אַ	= פַּתָח	a	Patáx
אֶ	= סֶגוֹל	e	Segól
אִ	= חִירִיק חָסֵר	i	Xírik Xasér
אֹ	= חוֹלָם חָסֵר	o	Xolám Xasér
אֻ	= קֻבּוּץ	u	Kubúc

"Silent" Vowels

בְּ	= שְׁוָא		Šva (silent)
אֲ	= חֲטַף פַּתָח	a	Xatáf Patáx
אֱ	= חֲטַף סֶגוֹל	e	Xatáf Segól
אֳ	= חֲטַף קָמָץ	o	Xatáf Kamác

A. Write the missing adjective in the required form (singular/plural, masculine/femine):

1.   הַלּוּחַ גָּדוֹל. גַּם הַכִּתָּה _____ .

2.   הַסֵּפֶר קָטָן. גַּם הַמַּחְבֶּרֶת _____ .

3.   הַתַּלְמִידִים טוֹבִים. גַּם הַתַּלְמִידוֹת _____ .

4.   הַשִּׁעוּר טוֹב. הַמּוֹרָה לֹא _____ ...

B. Change to plural, according to the example:

דֻּגְמָה: זֶה סֵפֶר טוֹב.   אֵלֶּה סְפָרִים טוֹבִים.

1.   זֹאת כִּתָּה גְּדוֹלָה. _____

2.   זֶה קִבּוּץ קָטָן. _____

3.   זֹאת מוֹרָה טוֹבָה. _____

C. Write in the negative:

1.   יֵשׁ פֹּה שֻׁלְחָן. _____

2.   יֵשׁ שָׁם סְפָרִים. _____

3.   יֵשׁ בַּכִּתָּה טֶלֶפוֹן. _____

4.   בָּאוּנִיבֶרְסִיטָה יֵשׁ כִּתּוֹת גְּדוֹלוֹת. _____

D. Combine words from the different columns to make four complete sentences for each table:

אֲנִי	לוֹמֵד	עִבְרִית
אַתָּה	כּוֹתֵב	בַּחֶדֶר
הוּא	קוֹרֵא	בַּכִּתָּה
	מְדַבֵּר	סֵפֶר
		בְּמַחְבֶּרֶת

1. אֲנִי קוֹרֵא סֵפֶר
2. ____________________
3. ____________________
4. ____________________

אֲנִי	לוֹמֶדֶת	מִכְתָּב
אַתְּ	כּוֹתֶבֶת	בַּכִּתָּה
הִיא	קוֹרֵאת	בְּמַחְבֶּרֶת
	מְדַבֶּרֶת	אַנְגְלִית
		טוֹב

1. ____________________
2. ____________________
3. ____________________
4. ____________________

אֲנַחְנוּ	לוֹמְדִים	בַּקָּפֶטֶרְיָה
אַתֶּם	כּוֹתְבִים	פֹּה
הֵם	קוֹרְאִים	בָּאוֹטוֹבּוּס
	מְדַבְּרִים	בַּבַּיִת
		בְּסֵפֶר

1. ____________________
2. ____________________
3. ____________________
4. ____________________

אֲנַחְנוּ	לוֹמְדוֹת	מִכְתָּב
אַתֶּן	כּוֹתְבוֹת	סְפָרָדִית
הֵן	קוֹרְאוֹת	בַּכִּתָּה
	מְדַבְּרוֹת	בַּבֹּקֶר
		בַּמַּחְבֶּרֶת

1. ____________________
2. ____________________
3. ____________________
4. ____________________

E. Write the dialogue for lesson 2, reversing the roles of the speakers. Pay attention to needed changes in gender:

דָּן - בֹּקֶר טוֹב, אֲנִיטָה. מַה שְּׁלוֹמֵךְ?

אֲנִיטָה - ______________

דָּן - ______________

אֲנִיטָה - ______________

דָּן - ______________

אֲנִיטָה - ______________

דָּן - ______________

אֲנִיטָה - ______________

דָּן - ______________

אֲנִיטָה - ______________

דָּן - ______________

אֲנִיטָה - ______________

דָּן - ______________

F. Write the equivalents for the following expressions, using forms of שְׁלוֹם:

דֻּגְמָה: אֲנִי מַרְגִּישׁ טוֹב. שְׁלוֹמִי טוֹב.

1. אַתָּה מַרְגִּישׁ רַע. ______________________

2. אַתְּ מַרְגִּישָׁה מְצֻיָּן. ______________________

3. הוּא מַרְגִּישׁ לֹא רַע. ______________________

4. הִיא מַרְגִּישָׁה בְּסֵדֶר. ______________________

5. אֲנַחְנוּ מַרְגִּישִׁים טוֹב מְאֹד. ______________________

6. אַתֶּם מַרְגִּישִׁים כָּכָה-כָּכָה. ______________________

7. אַתֶּן מַרְגִּישׁוֹת לֹא טוֹב. ______________________

8. הֵם מַרְגִּישִׁים בְּסֵדֶר. ______________________

9. הֵן מַרְגִּישׁוֹת מְצֻיָּן. ______________________

10. דָּוִד מַרְגִּישׁ בְּסֵדֶר. ______________________

11. הַתַּלְמִידָה מַרְגִּישָׁה טוֹב. ______________________

G. Write the following sentences in the negative:

דֻּגְמָה: אֲנִי סְטוּדֶנְט אֲנִי לֹא סְטוּדֶנְט

1. אֲנִי לוֹמֵד בְּכִתָּה. ____________
2. אַתָּה מְדַבֵּר עִבְרִית. ____________
3. אַתְּ לוֹמֶדֶת צָרְפָתִית. ____________
4. הַסֵּפֶר שָׁם. ____________
5. הִיא מְדַבֶּרֶת סְפָרַדִּית. ____________
6. אֲנַחְנוּ קוֹרְאִים פֹּה. ____________
7. אַתֶּם מְדַבְּרִים בַּשִּׁעוּר. ____________
8. אַתֶּן כּוֹתְבוֹת מִכְתָּב. ____________
9. הֵם לוֹמְדִים בָּאוּנִיבֶרְסִיטָה. ____________
10. הֵן כּוֹתְבוֹת בְּמַחְבֶּרֶת. ____________

H. Write in the plural:

דֻּגְמָה: זֶה סֵפֶר אֵלֶּה סְפָרִים

1. זֶה מוֹרֶה. ____________
2. זֹאת תַּלְמִידָה. ____________
3. זֹאת כִּתָּה. ____________
4. זֶה חָבֵר. ____________
5. זֶה מִכְתָּב. ____________

דִּירָה

חַלּוֹן
חֲדַר שֵׁנָה
מִטָּה
אֲרוֹן לַיְלָה
אֲרוֹן קִיר
סַפָּה
שֻׁלְחָן
כִּסֵּא
חֲדַר אוֹרְחִים
כִּסֵּא
חֲדַר אֹכֶל
שֻׁלְחָן
שִׁדָּה
חֲדַר אַמְבַּטְיָה
אַמְבַּטְיָה
מִקְלַחַת
כִּיּוֹר
אֲרוֹן קִיר
דֶּלֶת
תַּנּוּר
מִטְבָּח
מְקָרֵר

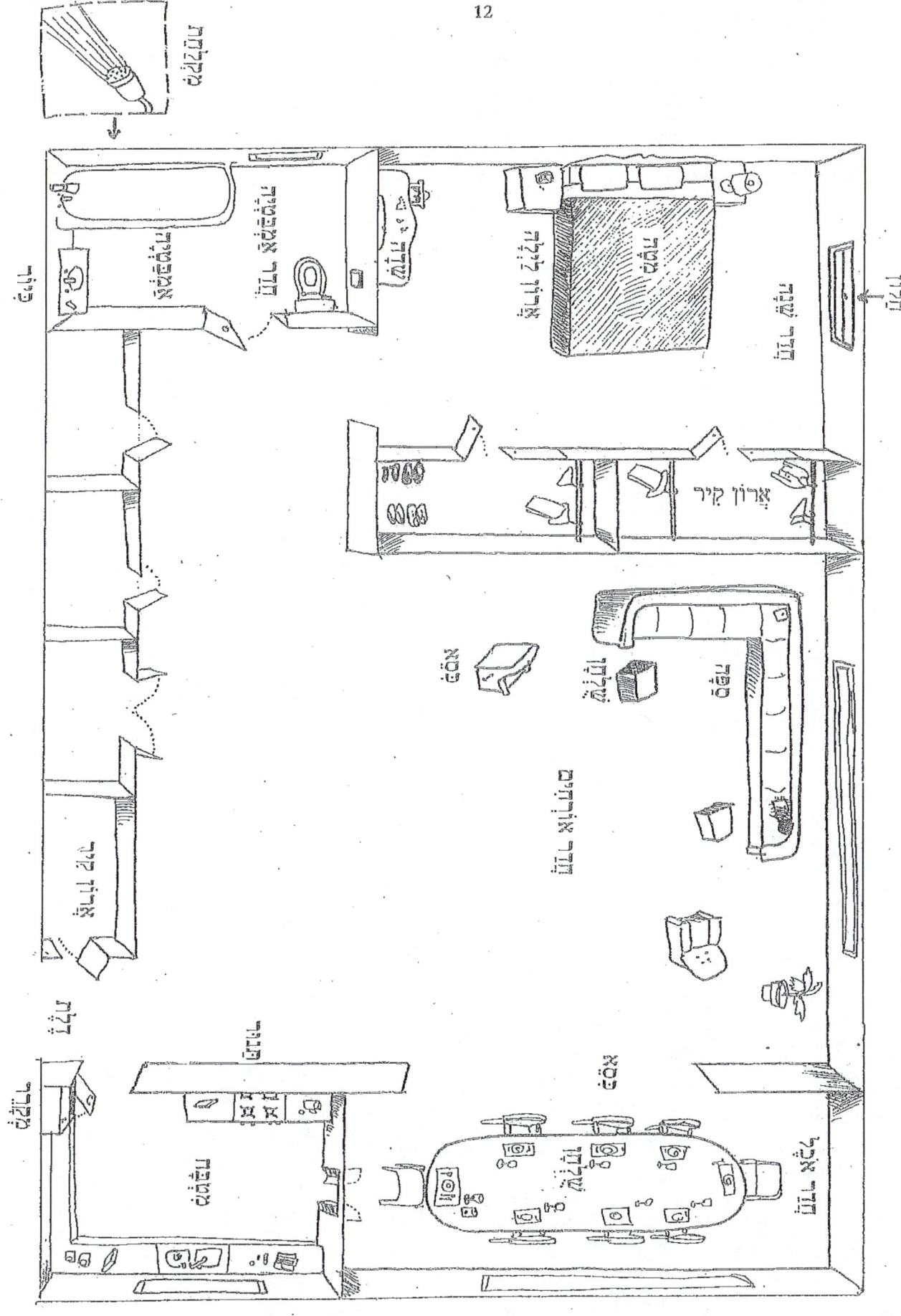

A. Answer according to the plan on the previous page:

1. אֵיפֹה יֵשׁ מִטָּה בַּדִּירָה?

2. אֵיפֹה יֵשׁ מְקָרֵר בַּדִּירָה?

3. אֵיפֹה יֵשׁ סַפָּה בַּדִּירָה?

4. אֵיפֹה יֵשׁ מִקְלַחַת בַּדִּירָה?

5. יֵשׁ אָרוֹן בַּמִּטְבָּח?

6. יֵשׁ כִּסֵּא בַּחֲדַר הַשֵּׁנָה?

7. אֵיפֹה יֵשׁ חַלּוֹן בַּדִּירָה?

8. מַה יֵּשׁ בַּמִּטְבָּח?

9. מַה יֵּשׁ בַּחֲדַר הַשֵּׁנָה?

10. אֵיפֹה יֵשׁ אֹכֶל בַּדִּירָה?

B. Write 10 true-to-life sentences by eliminating the false choice (יֵשׁ/אֵין):

1. (יֵשׁ/אֵין) מְקָרֵר בַּמִּטְבָּח.
2. (יֵשׁ/אֵין) טֶלֶפוֹן בַּתַּנּוּר.
3. (יֵשׁ/אֵין) מִקְלַחַת בָּאַמְבַּטְיָה.
4. (יֵשׁ/אֵין) מִטָּה בַּמִּטְבָּח.
5. בָּאָרוֹן (יֵשׁ/אֵין) חַלּוֹן.
6. בַּמִּטְבָּח (יֵשׁ/אֵין) אָרוֹן.
7. בַּכִּתָּה (יֵשׁ/אֵין) מִקְלַחַת.
8. (יֵשׁ/אֵין) שִׂדָּה בַּחֲדַר הָאוֹרְחִים.
9. (יֵשׁ/אֵין) כִּסֵּא בָּרְחוֹב.
10. בַּמְּקָרֵר (יֵשׁ/אֵין) אֹכֶל.

1. יֵשׁ מְקָרֵר בַּמִּטְבָּח ________________
2. ________________
3. ________________
4. ________________
5. ________________
6. ________________
7. ________________
8. ________________
9. ________________
10. ________________

<u>IMPORTANT</u>: Before an initial <u>schwa,</u> use -בִּ and -לִ

בְּחֶדֶר　　　בִּרְחוֹב

לְדִירָה　　　לִסְטוּדֶנְט

C. Write the following sentences in the singular. PAY ATTENTON to irregular plural endings:

דֻּגְמָה: אֵלֶּה תַּלְמִידִים. זֶה תַּלְמִיד ______________

1. אֵלֶּה סְטוּדֶנְטִיּוֹת. ______________

2. אֵלֶּה שֻׁלְחָנוֹת. ______________

3. אֵלֶּה מִטּוֹת. ______________

4. אֵלֶּה כִּסְאוֹת. ______________

5. אֵלֶּה דִּירוֹת. ______________

6. אֵלֶּה רְחוֹבוֹת. ______________

7. אֵלֶּה מִקְלָחוֹת. ______________

8. אֵלֶּה בָּתִּים. ______________

9. אֵלֶּה אֲרוֹנוֹת. ______________

10. אֵלֶּה מַחְבָּרוֹת. ______________

D. Make a list of the nouns that have irregular plural endings, and state their gender (m/f):

	SINGULAR	PLURAL	GENDER (m/f)
1.	שֻׁלְחָן	שֻׁלְחָנוֹת	m
2.			
3.			
4.			
5.			

E. Change from indefinite to definite:

דֻּגְמָה: זֶה תַּלְמִיד טוֹב.   זֶה הַתַּלְמִיד הַטּוֹב

1. זֶה בַּיִת יָפֶה. ______________

2. זֹאת מִטָּה חֲדָשָׁה. ______________

3. זֶה כִּסֵּא גָּדוֹל. ______________

4. תַּלְמִידִים לוֹמְדִים בְּכִתָּה. ______________

5. סְטוּדֶנְטִים חֲדָשִׁים גָּרִים בְּשִׁכּוּן. ______________

6. אֵלֶּה שֻׁלְחָנוֹת חֲדָשִׁים. ______________

7. אֲנִי גָּר בְּדִירָה נֶחְמָדָה. ______________

8. הִיא בָּאָה מֵאוּנִיבֶרְסִיטָה. ______________

F. Change from definite to indefinite:

דֻּגְמָה: אֲנַחְנוּ לוֹמְדִים בַּחֶדֶר הַקָּטָן.   אֲנַחְנוּ לוֹמְדִים בְּחֶדֶר קָטָן

1. זֹאת הַבַּחוּרָה הַנֶּחְמָדָה. ______________

2. הַסְּטוּדֶנְטִים הַיִּשְׂרְאֵלִים לוֹמְדִים פֹּה. ______________

3. יֵשׁ מִקְלַחַת בָּאַמְבַּטְיָה הַחֲדָשָׁה? ______________

4. הֵם בָּאִים מֵהַבַּיִת הַיָּפֶה. ______________

5. אַתֶּם בָּאִים לַכִּתָּה הַגְּדוֹלָה. ______________

6. אֵלֶּה הַחֲבֵרִים הַטּוֹבִים שֶׁלִּי. ______________

תַּפְרִיט

אֲרוּחַת בֹּקֶר

Egg	7.00 ש"ח	בֵּיצָה
2-egg omelet	13.00 ש"ח	חֲבִיתָה מִ-2 בֵּיצִים
3-egg omelet	18.00 ש"ח	חֲבִיתָה מִ-3 בֵּיצִים
Hot cereal	15.00 ש"ח	דַּיְסָה חַמָּה
Cold cereal	12.00 ש"ח	דַּיְסָה קָרָה
Small green salad	15.00 ש"ח	סָלָט יְרָקוֹת קָטָן
Large green salad	20.00 ש"ח	סָלָט יְרָקוֹת גָּדוֹל
Bread and cheese	8.00 ש"ח	לֶחֶם עִם גְּבִינָה

אֲרוּחוֹת צָהֳרַיִם וָעֶרֶב

Vegetable soup	18.00 ש"ח	מְרַק יְרָקוֹת
Meat soup	24.00 ש"ח	מְרַק בָּשָׂר
Meat and French fries	42.00 ש"ח	בָּשָׂר עִם צִ'יפְּס
1/2 chicken with rice	35.00 ש"ח	1/2 עוֹף עִם אֹרֶז
Cake	20.00 ש"ח	עֻגָה
Ice cream	15.00 ש"ח	גְּלִידָה
Coffee with milk	8.00 ש"ח	קָפֶה עִם חָלָב
Tea	7.00 ש"ח	תֵּה
Orange juice	8.00 ש"ח	מִיץ תַּפּוּזִים
Wine	12.00 ש"ח	יַיִן
Vodka	22.00 ש"ח	ווֹדְקָה
Champagne	25.00 ש"ח	שַׁמְפַּנְיָה

Jerusalem, August 1998 — יְרוּשָׁלַיִם, אוֹגוּסְט 1998

A. Write the equivalents for the following sentences, using forms of שָׁלוֹם:

דֻּגְמָה: אֲנִי מַרְגִּישׁ טוֹב מְאֹד.   שְׁלוֹמִי טוֹב מְאֹד.

1. הֵם מַרְגִּישִׁים לֹא רַע.   _____

2. אֲנַחְנוּ מַרְגִּישִׁים מְצֻיָּן.   _____

3. אַתֶּן מַרְגִּישׁוֹת בְּסֵדֶר.   _____

4. הִיא מַרְגִּישָׁה לֹא רַע.   _____

5. אַתֶּם מַרְגִּישִׁים טוֹב.   _____

6. אַתָּה מַרְגִּישׁ כָּכָה-כָּכָה.   _____

7. הַמּוֹרָה מַרְגִּישָׁה לֹא טוֹב.   _____

B. Write questions to the following answers, addressing in particular the highlighted words:

1. הוּא הוֹלֵךְ **לַכִּתָּה.**   לְאָן הוּא הוֹלֵךְ?

2. **כִּי** הוּא רוֹצֶה לִלְמֹד.   _____?

3. אֵלֶּה **סְפָרִים.**   _____?

4. הָאֹכֶל **בַּמְּקָרֵר.**   _____?

5. הַסְּטוּדֶנְטִית **מִיִּשְׂרָאֵל.**   _____?

C. Combine words from the columns to make 4 sentences for each table:

הַבָּחוּר הַתַּלְמִיד הַמֶּלְצַר הַמּוֹרֶה	רוֹצֶה לֶאֱכֹל	בָּשָׂר עִם צִ'יפְּס גְּלִידָה טוֹבָה עוֹף עִם אֹרֶז בֵּיצָה

1. הַמֶּלְצַר רוֹצֶה לֶאֱכֹל גְּלִידָה טוֹבָה
2. ______________________
3. ______________________
4. ______________________

הַתַּלְמִידָה הַמֶּלְצָרִית הִיא הַבַּחוּרָה	רוֹצָה לֶאֱכֹל	מָרָק חַם לֶחֶם עִם גְּבִינָה עֻגָה דַּיְסָה קָרָה

1. ______________________
2. ______________________
3. ______________________
4. ______________________

הַיְלָדִים אַתֶּם הַמֶּלְצָרִים הָאַנְגְּלִים	רוֹצִים לִשְׁתּוֹת	מַיִם קָרִים מִיץ תַּפּוּזִים קָפֶה בְּלִי סֻכָּר תֵּה עִם חָלָב

1. ______________________
2. ______________________
3. ______________________
4. ______________________

הַמּוֹרוֹת הַיְלָדוֹת הֵן הַצָּרְפָתִיּוֹת	רוֹצוֹת לִשְׁתּוֹת	תֵּה עִם לִימוֹן חָלָב ווֹדְקָה יַיִן עִם הָאֹכֶל

1. ______________________
2. ______________________
3. ______________________
4. ______________________

D. Rewrite the following sentences, using forms of אוֹהֵב as the auxiliary verb:

דֻּגְמָה: אֲנִי אוֹכֵל בַּבֹּקֶר. — אֲנִי אוֹהֵב לֶאֱכֹל בַּבֹּקֶר.

1. הִיא לוֹמֶדֶת עִם דָּוִד. ______________
2. אַתֶּם כּוֹתְבִים יָפֶה. ______________
3. אֲנִי קוֹרֵא מִכְתָּבִים מֵחֲבֵרִים. ______________
4. אַתֶּן אוֹכְלוֹת גְּלִידָה. ______________
5. אֲנַחְנוּ לוֹמְדִים בַּסִּפְרִיָּה. ______________
6. הוּא כּוֹתֵב בְּאַנְגְּלִית? ______________
7. אַתָּה שׁוֹתֶה קָפֶה קַר. ______________
8. הֵם אוֹכְלִים מָרָק עִם לֶחֶם. ______________
9. אַתְּ קוֹרֵאת בְּשֶׁקֶט. ______________
10. אַתֶּם שׁוֹתִים ווֹדְקָה. ______________

E. Combine elements from each column, to create five correct sentences:

הַבַּחוּרִים הַמֶּלְצַר הַמּוֹרוֹת הַתַּלְמִידָה הַסְּטוּדֶנְטִיּוֹת	בָּא/בָּאָה/בָּאִים/בָּאוֹת לַכִּתָּה	מֵהַמִּסְעָדָה. מֵהַשִּׁכּוּן שֶׁלָּהּ. מֵהַבַּיִת. מֵהַחֶדֶר שֶׁלָּהֶם. מֵהַשִּׁעוּר לְמָתֵמָטִיקָה.

1. ______________
2. ______________
3. ______________
4. ______________
5. ______________

F. Change from definite to indefinite:

1. הַתַּלְמִידִים בַּשִּׁעוּר לְעִבְרִית לוֹמְדִים עִבְרִית. ____________________

2. זֶה הָאֹכֶל מֵהַמִּסְעָדָה. ____________________

3. הַמּוֹרֶה הַטּוֹב אוֹהֵב סְפָרִים. ____________________

4. הַמֶּלְצָרִים לֹא אוֹכְלִים בַּמִּסְעָדוֹת. ____________________

5. הַחֲבֵרָה שֶׁלִּי הוֹלֶכֶת לַשִּׁכּוּן הַנֶּחְמָד. ____________________

G. Answer the questions as fully as you can:

1. לָמָּה אַתָּה הוֹלֵךְ לְמִסְעָדָה? ____________________

2. לָמָּה אַתָּה בָּא לָאוּנִיבֶרְסִיטָה? ____________________

3. לָמָּה אַתָּה הוֹלֵךְ לַסִּפְרִיָּה? ____________________

4. לָמָּה אַתָּה בָּא לַשִּׁעוּר לְעִבְרִית? ____________________

A. Rewrite the following sentences, using forms of צָרִיךְ as auxiliary verb:

צָרִיךְ + שֵׁם פֹּעַל

אֲנִי אוֹכֵל עַכְשָׁו. אֲנִי צָרִיךְ לֶאֱכֹל עַכְשָׁו.

אַתָּה שׁוֹלֵחַ מִכְתָּב לְיִשְׂרָאֵל. ____________

הַיֶּלֶד שׁוֹתֶה חָלָב בַּבֹּקֶר. ____________

הַמּוֹרֶה סוֹפֵר עַד שָׁלֹשׁ. ____________

צְרִיכָה + שֵׁם פֹּעַל

הַחֲבֵרָה שֶׁלִּי לוֹמֶדֶת בַּסִּפְרִיָּה. ____________

אֲנִי קוֹרֵאת גְּלוּיָה מִיִּשְׂרָאֵל. ____________

הִיא שׁוֹלַחַת מִכְתָּב בַּדֹּאַר. ____________

הַתַּלְמִידָה עוֹשָׂה תַּרְגִּילִים. ____________

צְרִיכִים + שֵׁם פֹּעַל

הֵם שׁוֹלְחִים מִכְתָּב לְיִשְׂרָאֵל. ____________

אֲנַחְנוּ קוֹנִים בּוּלִים בַּדֹּאַר. ____________

אַתֶּם קוֹרְאִים עִתּוֹנִים. ____________

הַסְּטוּדֶנְטִים כּוֹתְבִים בְּעִבְרִית. ____________

צְרִיכוֹת + שֵׁם פֹּעַל

הַבַּחוּרוֹת שׁוֹלְחוֹת חֲבִילָה לְאִמָּא. ____________

חָמֵשׁ מַעֲטָפוֹת עוֹלוֹת שֶׁקֶל. ____________

הֵן אוֹכְלוֹת דַּיְסָה חַמָּה. ____________

אֲנַחְנוּ לוֹמְדוֹת בְּשֶׁקֶט. ____________

B. Write out the numbers in parentheses:

1. הוּא קוֹנֶה (3) ______________ אִגְּרוֹת לְאֵרוֹפָּה.

2. הִיא צְרִיכָה לִקְנוֹת בּוּלִים בְּ-(17) ______________ אֲגוֹרוֹת.

3. הַדֹּאַר בִּרְחוֹב יָפוֹ מִסְפָּר (13) ______________.

4. יֵשׁ בַּכִּתָּה (15) ______________ מַחְבָּרוֹת.

5. אַתֶּם בָּאִים לַכִּתָּה בְּ-(9) ______________ בַּבֹּקֶר.

6. חָמֵשׁ וְעוֹד תֵּשַׁע הֵם ______________.

7. אַחַת עֶשְׂרֵה וְעוֹד שֶׁבַע הֵם ______________.

8. שֵׁשׁ וְעוֹד אַרְבַּע עֶשְׂרֵה הֵם ______________.

9. מִסְפַּר הַטֶּלֶפוֹן: (201-3807) ______________________________.

C. Fill in with the proper form of -לְ:

דֻּגְמָה: הַחֲבֵרִים שֶׁלִּי אוֹהֲבִים עֻגוֹת. תֵּן לָהֶם עֻגָה, בְּבַקָּשָׁה.

1. אֲנַחְנוּ לוֹמְדִים בָּאוּנִיבֶרְסִיטָה. יֵשׁ ________ מוֹרִים טוֹבִים.

2. הוּא קוֹנֶה ________ הַמְּבוּרְגֶר, כִּי אַתֶּם רְעֵבִים.

3. אַתֶּן מוֹרוֹת לְמוּסִיקָה? יֵשׁ ________ הַרְבֵּה תַּלְמִידִים?

4. אַתָּה צָרִיךְ לִלְמֹד עַכְשָׁו. יֵשׁ ________ בְּחִינָה מָחָר בַּבֹּקֶר.

5. הִיא גָּרָה בְּשִׁיקָגוֹ. יֵשׁ ________ דִּירָה יָפָה.

6. הֵן רוֹצוֹת לִשְׁתּוֹת. תֵּן ________ מַיִם קָרִים, בְּבַקָּשָׁה.

7. אֲנִי גָּר לְבַד. אֵין ________ חָבֵר לַחֶדֶר.

D. Tell how much each item costs (full sentences):

דֻּגְמָה: הַלֶּחֶם, 12 אֲגוֹרוֹת. הַלֶּחֶם עוֹלֶה שְׁתֵּים עֶשְׂרֵה אֲגוֹרוֹת.

1. בּוּל לְיִשְׂרָאֵל, 98 אֲגוֹרוֹת. ______________

2. אִגֶּרֶת אֲוִיר, 45 אֲגוֹרוֹת. ______________

3. לִשְׁלֹחַ גְּלוּיָה, 39 אֲגוֹרוֹת. ______________

4. הַסֵּפֶר, 10 שְׁקָלִים. ______________

5. לִשְׁלֹחַ חֲבִילָה, 9 שְׁקָלִים. ______________

6. מִבְרָק לַיְלָה, 8 שְׁקָלִים. ______________

7. לְדַבֵּר בַּטֶּלֶפוֹן לְיִשְׂרָאֵל, 3 שְׁקָלִים. ______________

8. 2 מַעֲטָפוֹת קְטַנּוֹת, 10 אֲגוֹרוֹת. ______________

E. Ask how much each item costs (full sentences):

1. מַעֲטָפָה גְדוֹלָה ______________?

2. לִשְׁלֹחַ מִבְרָק לְנִיוּ-יוֹרְק ______________?

3. 3 בּוּלִים לְאֵרוֹפָּה ______________?

4. 2 אִגְּרוֹת אֲוִיר לְמֶכְּסִיקוֹ ______________?

5. זֶה ______________?

6. 2 הַסְּפָרִים ______________?

F. Write sentences according to the example:

דֻגְמָה: הוּא לֹא גָּר פֹּה.　　　　　　הוּא רוֹצֶה לָגוּר פֹּה.

1. הִיא לֹא רָצָה בַּבֹּקֶר. _____

2. הֵם לֹא קָמִים בְּ-6 בַּבֹּקֶר. _____

3. אַתָּה לֹא גָּר בְּבַיִת גָּדוֹל. _____

4. הִיא לֹא בָּאָה לַמִּסְעָדָה. _____

G. Complete the sentences (at long last, reading comprehension!!):

בָּחוּר אֶחָד רוֹצֶה _____ סְפָרִים לְיִשְׂרָאֵל. הוּא עוֹשֶׂה חֲבִילָה גְּדוֹלָה וְ _____ לַדֹּאַר, כִּי

הוּא צָרִיךְ _____ שָׁם בּוּלִים. עַכְשָׁו הוּא בַּדֹּאַר:

- שָׁלוֹם, כַּמָּה _____ לִשְׁלֹחַ סְפָרִים לְיִשְׂרָאֵל בְּדֹאַר אֲוִיר?

- כַּמָּה קִילוֹגְרָמִים יֵשׁ בַּחֲבִילָה?

- לֹא הַרְבֵּה. אוּלַי _____ אוֹ עֲשָׂרָה.

- זֶה לֹא עוֹלֶה הַרְבֵּה: אוּלַי _____ אוֹ אַרְבָּעִים דּוֹלָרִים...

- אַרְבָּעִים דּוֹלָרִים? זֶה _____ מְאֹד!

- עֲשָׂרָה קִילוֹגְרָמִים זֶה כָּבֵד מְאֹד!

H. Write out in words the contents of the parentheses. Remember "one" follows the noun, other numbers precede the noun, "two" changes before the noun:

1. יֵשׁ לָהֶם רַק (דִּירָה x 1). ____________
2. בַּבַּיִת הַקָּטָן יֵשׁ (דִּירָה x 2). ____________
3. הִיא שׁוֹלַחַת (גְלוּיָה x 12) לְיִשְׂרָאֵל. ____________
4. הַבַּחוּרָה קוֹנָה (בֵּיצָה x 22). ____________
5. בְּשֶׁקֶל יֵשׁ (אֲגוֹרָה x 100). ____________
6. בָּרְחוֹב יֵשׁ (בַּיִת x 1). ____________
7. עַל הַמַּעֲטָפָה יֵשׁ (בּוּל x 2) מִיִּשְׂרָאֵל. ____________
8. בַּכִּתָּה יֵשׁ (סְטוּדֶנְט x 12). ____________
9. עַל הַשֻּׁלְחָן יֵשׁ (מִכְתָּב x 31). ____________
10. בַּחֶדֶר יֵשׁ (אָרוֹן x 3). ____________

I. Write the proper form of -לְ:

1. אֲנִי רוֹצֶה לֶאֱכֹל. תֵּן ________ בָּשָׂר וְסָלָט.
2. הוּא רוֹצֶה לִקְרֹא. תְּנִי ________ עִתּוֹן בֹּקֶר.
3. אֲנַחְנוּ רוֹצִים לִשְׁלֹחַ חֲבִילָה. תֵּן ________ בּוּלִים בְּ-10 שְׁקָלִים.
4. אַתֶּם לוֹמְדִים בַּסִּפְרִיָּה, כִּי יֵשׁ ________ הַרְבֵּה שִׁעוּרִים הַיּוֹם.
5. אַתְּ רָצָה לָאוֹטוֹבּוּס, כִּי יֵשׁ ________ שִׁעוּר בְּ-9.
6. יֵשׁ ________ חֶדֶר קָטָן, כִּי אַתָּה גָּר בְּשִׁכּוּן.
7. הֵן הוֹלְכוֹת לַדֹּאַר, כִּי אֵין ________ בּוּלִים בַּבַּיִת.
8. הִיא רוֹצָה לִשְׁתּוֹת. תֵּן ________, בְּבַקָּשָׁה, קָפֶה עִם חָלָב.

J. Rewrite, using forms of צָרִיךְ as auxiliary verb:

1. אֲנִי קָם בְּ-7 בַּבֹּקֶר. ____________
2. הִיא רָצָה לַשִּׁעוּר. ____________
3. הֵם גָּרִים בְּשִׁכּוּן שֶׁל הָאוּנִיבֶרְסִיטָה. ____________
4. הַמּוֹרוֹת בָּאוֹת לַכִּתָּה בְּ-9. ____________

הַמִּסְפָּרִים בְּעִבְרִית

Masculine	Feminine	
אֶחָד	אַחַת	1
שְׁנַיִם (שְׁנֵי)	שְׁתַּיִם (שְׁתֵּי)	2
שְׁלֹשָׁה	שָׁלֹשׁ	3
אַרְבָּעָה	אַרְבַּע	4
חֲמִשָּׁה	חָמֵשׁ	5
שִׁשָּׁה	שֵׁשׁ	6
שִׁבְעָה	שֶׁבַע	7
שְׁמוֹנָה	שְׁמוֹנֶה	8
תִּשְׁעָה	תֵּשַׁע	9
עֲשָׂרָה	עֶשֶׂר	10

Masculine	Feminine	
אַחַד עָשָׂר	אַחַת עֶשְׂרֵה	11
שְׁנֵים עָשָׂר	שְׁתֵּים עֶשְׂרֵה	12
שְׁלֹשָׁה עָשָׂר	שְׁלֹשׁ עֶשְׂרֵה	13
אַרְבָּעָה עָשָׂר	אַרְבַּע עֶשְׂרֵה	14
חֲמִשָּׁה עָשָׂר	חֲמֵשׁ עֶשְׂרֵה	15
שִׁשָּׁה עָשָׂר	שֵׁשׁ עֶשְׂרֵה	16
שִׁבְעָה עָשָׂר	שְׁבַע עֶשְׂרֵה	17
שְׁמוֹנָה עָשָׂר	שְׁמוֹנֶה עֶשְׂרֵה	18
תִּשְׁעָה עָשָׂר	תְּשַׁע עֶשְׂרֵה	19
עֶשְׂרִים	עֶשְׂרִים	20

Common (m & f)	
עֶשְׂרִים	20
שְׁלֹשִׁים	30
אַרְבָּעִים	40
חֲמִשִּׁים	50
שִׁשִּׁים	60
שִׁבְעִים	70
שְׁמוֹנִים	80
תִּשְׁעִים	90
מֵאָה	100

Masculine	Feminine	
עֶשְׂרִים וְאֶחָד	עֶשְׂרִים וְאַחַת	21
שְׁלֹשִׁים וּשְׁנַיִם	שְׁלֹשִׁים וּשְׁתַּיִם	32
מֵאָה וּשְׁלֹשָׁה עָשָׂר	מֵאָה וּשְׁלֹשׁ עֶשְׂרֵה	113
מֵאָה אַרְבָּעִים וּשְׁמוֹנָה	מֵאָה אַרְבָּעִים וּשְׁמוֹנֶה	148
מֵאָה שִׁבְעִים וְתִשְׁעָה	מֵאָה שִׁבְעִים וָתֵשַׁע	179

סַבָּא + סַבְתָּא
(יְלָדִים)
סַבָּא + סַבְתָּא
(יְלָדִים)
דּוֹד + דּוֹדָה
(יְלָדִים)
דּוֹדָה
אַבָּא + אִמָּא
(יְלָדִים)
דּוֹד
דּוֹדָה + דּוֹד
(יְלָדִים)
בֶּן דּוֹד
(דּוֹדָן)
בַּת דּוֹד
(דּוֹדָנִית)
אָח + גִּיסָה
(יְלָדִים)
אֲנִי (m) + אִשָּׁה
אֲנִי (f) + בַּעַל
(יְלָדִים)
אָחוֹת + גִּיס
(יְלָדִים)
בֶּן דּוֹדָה
(דּוֹדָן)
בַּת דּוֹדָה
(דּוֹדָנִית)
בֶּן אָח
(אַחְיָן)
בַּת אָח
(אַחְיָנִית)
בֵּן + כַּלָּה
(יְלָדִים)
בַּת + חָתָן
(יְלָדִים)
בֶּן אָחוֹת
(אַחְיָן)
בַּת אָחוֹת
(אַחְיָנִית)
נֶכֶד
נֶכְדָּה
נֶכֶד
נֶכְדָּה

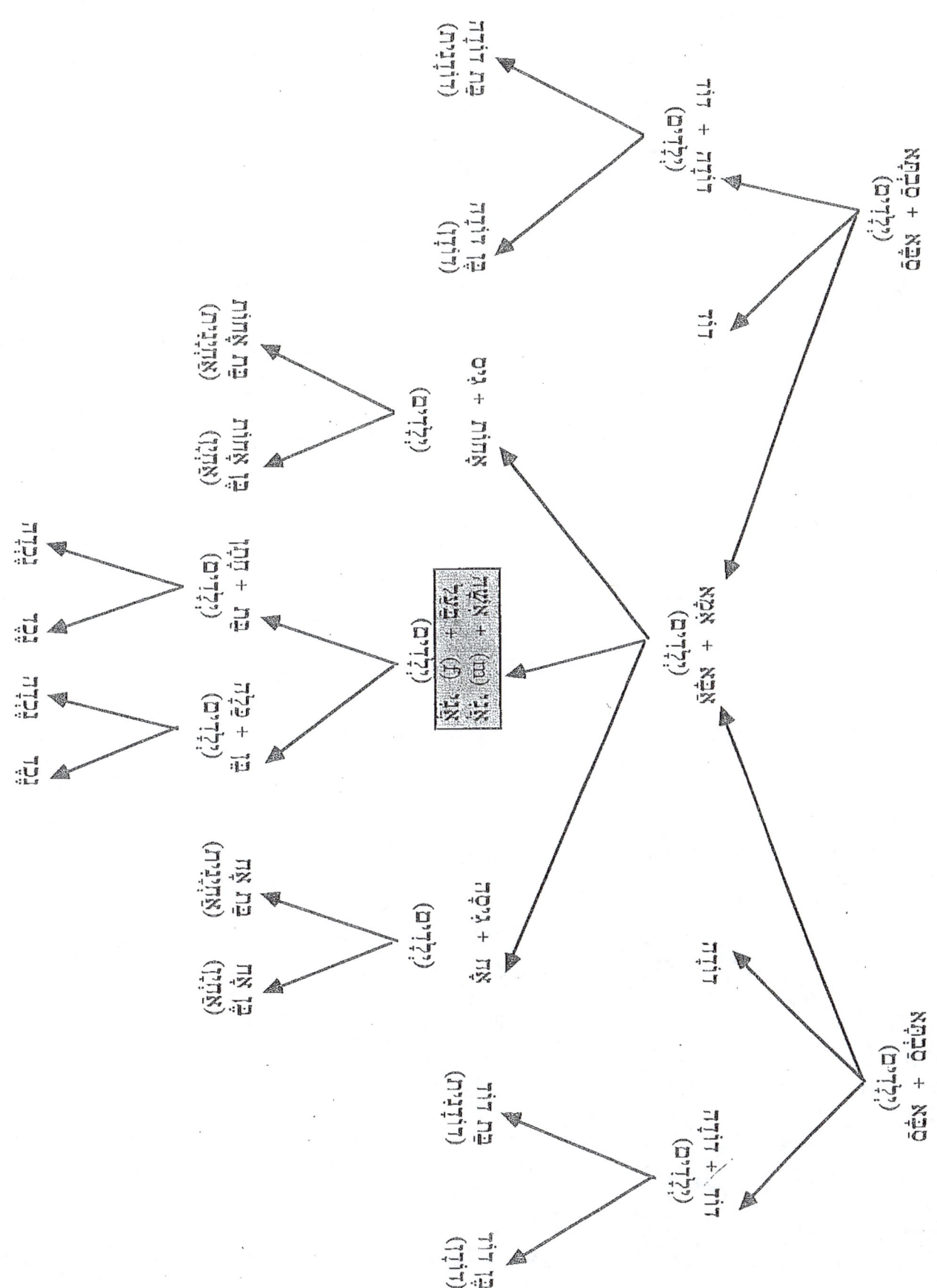

A. Answer the following questions about your real-life family:

1. כַּמָּה אַחִים יֵשׁ לְךָ?

_____

2. כַּמָּה אֲחָיוֹת יֵשׁ לְךָ?

_____

3. כַּמָּה אַחִים יֵשׁ לְאַבָּא שֶׁלְּךָ?

_____

4. כַּמָּה אֲחָיוֹת יֵשׁ לְאַבָּא שֶׁלְּךָ?

_____

5. כַּמָּה בָּנִים יֵשׁ לַהוֹרִים שֶׁלְּךָ?

_____

6. כַּמָּה בָּנוֹת יֵשׁ לַהוֹרִים שֶׁלְּךָ?

_____

7. כַּמָּה חֲתָנִים יֵשׁ לְסַבָּא וְסַבְתָּא שֶׁלְּךָ (הַהוֹרִים שֶׁל אַבָּא)?

_____

8. כַּמָּה כַּלּוֹת יֵשׁ לְסַבָּא וְסַבְתָּא שֶׁלְּךָ (הַהוֹרִים שֶׁל אַבָּא)?

_____

9. כַּמָּה נְכָדִים וּנְכָדוֹת יֵשׁ לְסַבָּא וְסַבְתָּא שֶׁלְּךָ (הַהוֹרִים שֶׁל אַבָּא)?

_____

10. כַּמָּה גִּיסִים יֵשׁ לְאִמָּא שֶׁלְּךָ?

_____

11. כַּמָּה גִּיסוֹת יֵשׁ לְאִמָּא שֶׁלְּךָ?

_____

12. כַּמָּה דּוֹדִים וְדוֹדוֹת יֵשׁ לְךָ?

_____

13. מִי הָאִשָּׁה שֶׁל סַבָּא?

_____

Take note of some more irregular plurals:

Singular	Plural	Gender
בֵּן	בָּנִים	זָכָר (m)
בַּת	בָּנוֹת	נְקֵבָה (f)
אָחוֹת	אֲחָיוֹת	נְקֵבָה
אִשָּׁה	נָשִׁים	נְקֵבָה

B. Given the year of birth, tell the age (spell out the numbers):

1. הוּא נוֹלַד בְּאֶלֶף תְּשַׁע מֵאוֹת תִּשְׁעִים וְאַחַת. עַכְשָׁו הוּא בֶּן... ______________
2. הוּא נוֹלַד בְּ-1980. עַכְשָׁו הוּא ______________
3. הוּא נוֹלַד בְּ-1957. עַכְשָׁו הוּא ______________
4. הִיא נוֹלְדָה בְּ-1988. עַכְשָׁו הִיא בַּת ______________
5. הִיא נוֹלְדָה בְּ-1984. עַכְשָׁו הִיא ______________
6. הִיא נוֹלְדָה בְּ-1990. עַכְשָׁו הִיא ______________

C. Given the age, supply details of birth (spell out numbers):

1. הִיא______ 40. הִיא ______ בְּ-______________
2. הוּא______ 27. הוּא ______ בְּ-______________
3. הִיא______ 12. הִיא ______ בְּ-______________
4. הוּא______ 68. הוּא ______ בְּ-______________

D. Change to plural:

דֻּגְמָה: הַיֶּלֶד שׁוֹאֵל שְׁאֵלָה. הַיְלָדִים שׁוֹאֲלִים שְׁאֵלוֹת.

1. הַבֵּן שׁוֹלֵחַ גְּלוּיָה לַבַּת. ______________
2. הַגִּיסָה אוֹהֶבֶת לִקְרֹא. ______________
3. הָאָחוֹת הַקְּטַנָּה יָפָה. ______________
4. הַבַּת גָּרָה בְּבַיִת חָדָשׁ. ______________
5. הָאִשָּׁה רָצָה לַשִּׁעוּר. ______________
6. הַנֶּכֶד אוֹכֵל בֵּיצָה. ______________
7. הַמִּשְׁפָּחָה גָּרָה בְּדִירָה גְּדוֹלָה. ______________

E. Fill in the blanks:

הַדּוֹדָה בְּנְיוּ-יוֹרְק כּוֹתֶבֶת ________ לָאַחְיָנִית שֶׁלָּה בִּירוּשָׁלַיִם:

"מִרְיָם יְקָרָה,

מַה שְּׁלוֹמֵךְ? מַה ________ הַבַּעַל וְהַבָּנוֹת שֶׁלָּךְ? אֲחוֹתִי מְסַפֶּרֶת לִי שֶׁהַבַּת הַגְּדוֹלָה שֶׁלָּךְ ________ בָּאוּנִיבֶרְסִיטָה. מַה הִיא לוֹמֶדֶת? וְאֵיפֹה הִיא ________: בַּבַּיִת אוֹ בְּשִׁכּוּן?

פֹּה הַכֹּל בְּסֵדֶר. אֲנִי מַרְגִּישָׁה טוֹב. גַּם אַבָּא וְאִמָּא שֶׁלָּךְ ________ טוֹב מְאֹד. הַמִּשְׁפָּחָה שֶׁלִּי--הַיְלָדִים וְהַנְּכָדִים--גָּרִים פֹּה בִּנְיוּ-יוֹרְק, וְזֶה מְצֻיָּן.

אֲנִי רוֹצָה ________ לָכֶם חֲבִילָה לַחֲנֻכָּה. מַה אַתֶּם צְרִיכִים?

בְּאַהֲבָה,

הַדּוֹדָה אַיְרִין"

הַדּוֹדָה כּוֹתֶבֶת ________ עַל הַמַּעֲטָפָה וְהוֹלֶכֶת לַדֹּאַר, כִּי הִיא צְרִיכָה ________ בּוּלִים לַמִּכְתָּב.

F. Given the information below, supply the missing details of birth:

1. הִיא _____ .35 הִיא ________ בְּ-________________________________

2. הוּא _____ .48 הוּא ________ בְּ-________________________________

3. הִיא _____ .17 הִיא ________ בְּ-________________________________

4. הוּא _____ .80 הוּא ________ בְּ-________________________________

G. Write questions to these answers, addressing in particular the highlighted words:

1. הוּא בֶּן **שְׁמוֹנֶה עֶשְׂרֵה**. ________________________________

2. **כִּי** אֵין לָהּ בַּעַל. ________________________________

3. הֵם רוֹקְדִים **בְּדִיסְקוֹטֶק**. ________________________________

4. הַמִּשְׁפָּחָה **מֵאַרְהָ"ב**. ________________________________

5. הִיא צְרִיכָה **לְשַׂחֵק טֶנִיס** עַכְשָׁו. ________________________________

6. הָאִגֶּרֶת עוֹלָה **שִׁשִּׁים אֲגוֹרוֹת**. ________________________________

7. הִיא אוֹמֶרֶת **שֶׁאֵין לָהּ אֲחָיוֹת**. ________________________________

A. On a separate sheet, write three "sensical" sentences for each group:

אֶתְמוֹל	(אֲנִי) קַמְתִּי	לַשִּׁעוּר שֶׁלִּי
לִפְנֵי שָׁעָה	(אֲנִי) בָּאתִי	מִיִּשְׂרָאֵל
לִפְנֵי שָׁנָה	(אֲנִי) רַצְתִּי	מְאֻחָר

אֶתְמוֹל	(אֲנַחְנוּ) רַצְנוּ	בַּשִּׁכּוּן
לִפְנֵי חֲצִי שָׁעָה	(אֲנַחְנוּ) קַמְנוּ	לַשִּׁעוּר בְּ-9
לִפְנֵי שָׁלֹשׁ שָׁנִים	(אֲנַחְנוּ) גַּרְנוּ	מֵהַמִּטָּה

דָּנִי, אֶתְמוֹל	(אַתָּה) גַּרְתָּ	קִילוֹמֶטֶר?
דָּנִי, לִפְנֵי שָׁנָה	(אַתָּה) קַמְתָּ	בְּשִׁיקָגוֹ?
דָּנִי, לִפְנֵי שָׁעָה	(אַתָּה) רַצְתָּ	מֵהַמִּטָּה?

לִפְנֵי שָׁנָה	(אַתֶּם) בָּאתֶם	בָּאוֹלִימְפִּיָּדָה
לִפְנֵי שְׁנָתַיִם	(אַתֶּם) גַּרְתֶּם	לְאַרְהָ"ב
לִפְנֵי שָׁלֹשׁ שָׁנִים	(אַתֶּם) רַצְתֶּם	בְּיִשְׂרָאֵל

רוּת, אֶתְמוֹל	(אַתְּ) בָּאת	בַּשִּׁכּוּן הֶחָדָשׁ?
רוּת, לִפְנֵי שָׁנָה	(אַתְּ) גַּרְתְּ	מְאֻחָר?
רוּת, הַבֹּקֶר	(אַתְּ) קַמְתְּ	לַמִּסְעָדָה בָּעֶרֶב?

לִפְנֵי שְׁנָתַיִם	(אַתֶּן) בָּאתֶן	בְּדִירָה
לִפְנֵי שְׁעָתַיִם	(אַתֶּן) קַמְתֶּן	לַסִּפְרִיָּה
לִפְנֵי יוֹמַיִם	(אַתֶּן) גַּרְתֶּן	בְּ-6 בַּבֹּקֶר

אֶתְמוֹל	הוּא רָץ	בְּ-7
לִפְנֵי יוֹמַיִם	הוּא קָם	לַכִּתָּה מֻקְדָּם
לִפְנֵי שְׁלֹשָׁה יָמִים	הוּא בָּא	בְּמָרָתוֹן

לִפְנֵי שָׁעָה	הֵם/הֵן בָּאוּ	לִקְנוֹת עִתּוֹן
לִפְנֵי שְׁעָתַיִם	הֵם/הֵן קָמוּ	לַחֶדֶר שֶׁלִּי
לִפְנֵי שָׁלֹשׁ שָׁעוֹת	הֵם/הֵן רָצוּ	מֵהַמִּטָּה

לִפְנֵי שָׁלֹשׁ שָׁעוֹת	הִיא גָּרָה	מֵהַסַּפָּה
לִפְנֵי שְׁלֹשָׁה יָמִים	הִיא קָמָה	לַשִּׁעוּר מְאֻחָר
לִפְנֵי שָׁלֹשׁ שָׁנִים	הִיא בָּאָה	בַּבַּיִת שֶׁל סַבָּא

B. Fill in the blanks with the new words introduced in the lines below:

נְיוּ-יוֹרְק עִיר גְּדוֹלָה. גַּם שִׁיקָגוֹ עִיר גְּדוֹלָה. נְיוּ-יוֹרְק וְשִׁיקָגוֹ עָרִים בְּאַרְהָ"ב.
יְרוּשָׁלַיִם __________ בְּיִשְׂרָאֵל. בְּיִשְׂרָאֵל יֵשׁ שָׁלֹשׁ __________ גְּדוֹלוֹת: יְרוּשָׁלַיִם,
תֵּל-אָבִיב, וְחֵיפָה.

שִׁיקָגוֹ עִיר שֶׁל שְׁכוּנוֹת: "רוֹגֶ'רְס פַּרְק" הִיא שְׁכוּנָה בְּשִׁיקָגוֹ; גַּם "לִינְקוֹלְן פַּרְק"
__________ בְּשִׁיקָגוֹ. גַּם בִּירוּשָׁלַיִם יֵשׁ הַרְבֵּה שְׁכוּנוֹת: "יְמִין מֹשֶׁה", מְקוֹר בָּרוּךְ",
"קִרְיַת הַיּוֹבֵל", וְעוֹד.

נְיוּ יוֹרְק וְשִׁיקָגוֹ עָרִים חֲדָשׁוֹת. יְרוּשָׁלַיִם, רוֹמָא, וַאֲתוּנָה עָרִים עַתִּיקוֹת. יְרוּשָׁלַיִם
עַתִּיקָה מְאֹד, הִיא בַּת 5,000 שָׁנָה. גַּם רוֹמָא עִיר __________, הִיא בַּת 2,500 שָׁנָה.
בְּאַרְצוֹת הַבְּרִית יֵשׁ עָרִים לֹא חֲדָשׁוֹת (סַן אַנְטוֹנְיוֹ, לְדֻגְמָה), אֲבָל אֵין עָרִים __________.

בְּאִיטַלְיָה גָּרִים הַרְבֵּה נוֹצְרִים קָתוֹלִים. בְּאַנְגְלִיָה גָּרִים הַרְבֵּה נוֹצְרִים פְּרוֹטֶסְטַנְטִים.
בְּאַרְהָ"ב יֵשׁ הַרְבֵּה נוֹצְרִים--פְּרוֹטֶסְטַנְטִים וְקָתוֹלִים--וְיֵשׁ גַּם יְהוּדִים. הֶנְרִי גִּיסִינְגֶ'ר יְהוּדִי;
גַּם סָמִי דֵיוִיס __________. בַּרְבָּרָה סְטְרַיְסֶנְד יְהוּדִיָה, וְגַם אֱלִיזָבֶט טֵילוֹר
__________.

בְּיִשְׂרָאֵל אֵין הַרְבֵּה נוֹצְרִים; אֲבָל יֵשׁ בָּהּ הַרְבֵּה יְהוּדִים. גַּם בִּנְיוּ-יוֹרְק גָּרִים הַרְבֵּה
__________. יֵשׁ בִּנְיוּ-יוֹרְק __________ יְהוּדִיּוֹת: "קְרָאוּן הַיְטְס" בִּבְרוּקְלִין,
"קְיוּ גַרְדֶנְס" בִּקְוִינְס, וְעוֹד.

יְרוּשָׁלַיִם __________ בְּיִשְׂרָאֵל. "יְמִין מֹשֶׁה" וּ"מְקוֹר בָּרוּךְ" הֵן
__________ בִּירוּשָׁלַיִם. יְרוּשָׁלַיִם לֹא חֲדָשָׁה; הִיא __________ מְאֹד. הַיּוֹם גָּרִים
בָּהּ הַרְבֵּה __________.

C. Answer the questions after making sure that the meaning of the highlighted words is clear:

1. **לִפְנֵי.** הוּא בֶּן שְׁמוֹנֶה. הוּא נוֹלַד **לִפְנֵי** שְׁמוֹנֶה שָׁנִים.

בֶּן כַּמָּה אַתָּה? ______________________

לִפְנֵי כַּמָּה שָׁנִים נוֹלַדְתָּ? נוֹלַדְתִּי ______________________

2. **מִחוּץ לְ-.** מֶכְּסִיקוֹ וְקָנָדָה לֹא בְּאַרְהָ"ב. הֵן **מִחוּץ לְאַרְהָ"ב.**

הַסְּטוּדֶנְט לֹא בַּכִּתָּה עַכְשָׁו. הוּא **מִחוּץ לַכִּתָּה.**

עַכְשָׁו, אַתָּה בַּכִּתָּה אוֹ מִחוּץ לַכִּתָּה? ______________________

הַשִּׁכּוּן/דִּירָה שֶׁלְּךָ בָּאוּנִיבֶרְסִיטָה אוֹ מִחוּץ לָאוּנִיבֶרְסִיטָה? ______________

3. **לַחֲזוֹר.** אֲנִי הוֹלֵךְ לָאוּנִיבֶרְסִיטָה בַּבֹּקֶר, וְ**חוֹזֵר** הַבַּיְתָה בָּעֶרֶב.

הוּא מְבַקֵּר עַכְשָׁו בְּיִשְׂרָאֵל, וְהוּא לֹא רוֹצֶה **לַחֲזוֹר** לְאַרְהָ"ב...

לְאָן אַתָּה הוֹלֵךְ בַּבֹּקֶר? ______________________

מָתַי אַתָּה חוֹזֵר הַבַּיְתָה? ______________________

4. **לִפְחֹד.** הִיא אוֹהֶבֶת לָלֶכֶת. אֲבָל הִיא **פּוֹחֶדֶת** לָלֶכֶת לְבַד בַּלַּיְלָה בְּ"הַרְלֶם".

אֶדְוַארְד אַלְבִּי: "מִי **פּוֹחֵד** מִוִּירְגִ'ינְיָה וּוּלְף?"

מָה אַתָּה פּוֹחֵד לַעֲשׂוֹת? ______________________

מָה אַתָּה לֹא פּוֹחֵד לַעֲשׂוֹת? ______________________

5. **לִבְנוֹת.** אֵין הַרְבֵּה שִׁכּוּנִים לִסְטוּדֶנְטִים. הָאוּנִיבֶרְסִיטָה צְרִיכָה **לִבְנוֹת** עוֹד שִׁכּוּנִים.

הָאַצְטֶקִים **בָּנוּ** פִּירָמִידוֹת בְּמֶכְּסִיקוֹ.

מָה אַתָּה יוֹדֵעַ לִבְנוֹת? ______________________

מָה הָאוּנִיבֶרְסִיטָה שֶׁלְּךָ **בּוֹנָה** עַכְשָׁו? ______________________

D. Answer:

1. הַיּוֹם הַשִּׁבְעָה בְּנוֹבֶמְבֶּר. מֶה הָיָה אֶתְמוֹל?
אֶתְמוֹל הָיָה הַשִּׁשָּׁה בְּנוֹבֶמְבֶּר.

2. מֶה הָיָה לִפְנֵי יוֹמַיִם?
____

3. מֶה הָיָה לִפְנֵי שְׁלֹשָׁה יָמִים?
____

4. מֶה הָיְתָה הַשָּׁנָה לִפְנֵי שָׁנָה?
לִפְנֵי שָׁנָה, הַשָּׁנָה הָיְתָה ____________________

5. מֶה הָיְתָה הַשָּׁנָה לִפְנֵי שְׁנָתַיִם?
____

6. מֶה הָיְתָה הַשָּׁנָה לִפְנֵי שָׁלֹשׁ שָׁנִים?
____

7. עַכְשָׁו 2:00. מֶה הָיְתָה הַשָּׁעָה לִפְנֵי שָׁעָה?
לִפְנֵי שָׁעָה, הַשָּׁעָה הָיְתָה ____________________

8. מֶה הָיְתָה הַשָּׁעָה לִפְנֵי שְׁעָתַיִם?
____

9. מֶה הָיְתָה הַשָּׁעָה לִפְנֵי שָׁלֹשׁ שָׁעוֹת?
____

E. Write each sentence in the past, and in relation to the time reference of the first part:

דֻּגְמָה: (נוֹבֶמְבֶּר 97') הַשָּׁנָה אֲנִי גָר בְּבּוֹסְטוֹן.

(נוֹבֶמְבֶּר 96') *לִפְנֵי שָׁנָה גַּרְתִּי* בְּלוֹס אַנְגֶ'לֶס.

1. (7 בנוֹבֶמְבֶּר 97') הַיּוֹם אֲנִי רָץ שְׁנֵי קִילוֹמֶטְרִים.

(6 בְּנוֹבֶמְבֶּר 97') ______________ שְׁלֹשָׁה קִילוֹמֶטְרִים.

2. (10:00) עַכְשָׁו אַתְּ קָמָה מֵהַכִּסֵּא.

(9:00) ______________ מֵהַמִּטָּה.

3. (דֶּצֶמְבֶּר 97') הַשָּׁנָה הוּא בָּא לַשְּׁכוּנָה שֶׁלָּנוּ.

(דֶּצֶמְבֶּר 95') ______________ לַשְּׁכוּנָה שֶׁלָּכֶם.

4. (11:00) עַכְשָׁו הִיא רָצָה לַדֹּאַר.

(9:00) ______________ לַסּוּפֶּרְמַרְקֶט.

5. (יָנוּאַר 97') הַיּוֹם אֲנַחְנוּ גָּרִים בְּדִירָה.

(יָנוּאַר 94') ______________ בְּשִׁכּוּן.

6. (12:00) אַתֶּם קָמִים מֵהַשֻּׁלְחָן.

(9:00) ______________ מֵהַשֵּׁנָה.

7. (10 בְּפֶבְּרוּאַר 97') אַתֶּן רָצוֹת בַּבֹּקֶר.

(8 בְּפֶבְּרוּאַר 97') ______________ בָּעֶרֶב.

8. (10 בְּפֶבְּרוּאַר 97') הַיּוֹם הֵם קָמִים מֻקְדָּם.

(7 בְּפֶבְּרוּאַר 97') ______________ מְאֻחָר.

9. (8 בְּאוֹקְטוֹבֶּר 97') הֵן גָּרוֹת פֹּה.

(7 בְּאוֹקְטוֹבֶּר 97') ______________ שָׁם.

A. Complete the following sentences, using <u>a single word</u> per blank space:

1. גִּיסוֹ הוּא הַבַּעַל שֶׁל _____.

2. הַכַּלָּה שֶׁלָּהֶם הִיא הָאִשָּׁה שֶׁל הַ_____ שֶׁלָּהֶם.

3. הַבֵּן שֶׁלְּךָ הוּא הַ_____ שֶׁל אַבָּא שֶׁלְּךָ.

4. _____ הוּא הַבֵּן שֶׁל דּוֹדִי.

5. _____ שֶׁלְּךָ הִיא אִמָּא שֶׁל אַבָּא שֶׁלְּךָ.

6. אֲחוֹתִי הִיא _____ שֶׁל סַבָּא שֶׁלִּי.

B. Write out in words the parts enclosed in parentheses:

1. יֵשׁ לָנוּ (בְּחִינָה x 12) _____ הַשָּׁבוּעַ.

2. הוּא צָרִיךְ לִהְיוֹת בְּ(שִׁעוּר x 3) _____ הַיּוֹם.

3. בּוֹנִים פֹּה (שְׁכוּנָה x 2) _____ חֲדָשׁוֹת.

4. יֵשׁ לִי רַק (שָׁעוֹן x 1) _____, וְהוּא לֹא בְּסֵדֶר הַיּוֹם.

5. בָּאוּנִיבֶרְסִיטָה יֵשׁ (מוֹרֶה x 113) _____ טוֹבִים.

C. Write equivalent sentences, using forms of שָׁלוֹם:

1. אֵיךְ אַתָּה מַרְגִּישׁ? _____

2. הִיא מַרְגִּישָׁה מְצֻיָּן. _____

3. הַהוֹרִים מַרְגִּישִׁים בְּסֵדֶר. _____

4. אַתְּ מַרְגִּישָׁה טוֹב? _____

D. Write in the past tense:

1. אֲנִי הוֹלֵךְ לְשִׁעוּר בְּעֶשֶׂר וְחָמֵשׁ דַּקּוֹת.

____

2. אַתָּה כּוֹתֵב מִכְתָּב בַּהַפְסָקָה.

____

3. אַתְּ אוֹכֶלֶת בַּמִּסְעָדָה.

____

4. הוּא פּוֹחֵד לְדַבֵּר.

____

5. אֲנַחְנוּ חוֹזְרִים לַכִּתָּה אַחֲרֵי הַהַפְסָקָה.

____

6. אַתֶּם שׁוֹלְחִים חֲבִילוֹת לַחֲבֵרִים בְּיִשְׂרָאֵל.

____

7. אַתֶּן זוֹכְרוֹת אֵיךְ לָלֶכֶת לַבַּיִת שֶׁל רוּת.

____

8. הִיא קָמָה בְּשֵׁשׁ בַּבֹּקֶר.

____

9. הֵם בָּאִים לַשִּׁעוּר בִּשְׁמוֹנֶה וָחֵצִי.

____

E. Write in the past or future, according to the time markers:

.1   הוּא בִּירוּשָׁלַיִם.

_____ גַּם אֶתְמוֹל.

_____ גַּם מָחָר.

.2   הִיא בַּחוּרָה צְעִירָה.

לִפְנֵי עֶשֶׂר שָׁנִים _____ יַלְדָּה קְטַנָּה.

בְּ-2055 _____ סַבְתָּא.

.3   הֵם הוֹרִים טוֹבִים.

_____ גַּם בֶּעָבָר.

_____ גַּם בֶּעָתִיד.

F. Tell the time in words:

מַה הַשָּׁעָה?

.1   (10:15)   הַשָּׁעָה _____

.2   (11:10)   _____

.3   (11:40)   _____

.4   (5:30)   _____

.5   (7:45)   _____

.6   (3:05)   _____

.7   (3:58)   _____

A. Write in the past tense:

1. אֲנִי אוֹהֵב לָרוּץ. ____________
2. אַתָּה כּוֹתֵב בַּשִּׁעוּר. ____________
3. אַתְּ לוֹמֶדֶת בַּבֹּקֶר. ____________
4. הוּא שׁוֹאֵל שְׁאֵלוֹת. ____________
5. הִיא שׁוֹלַחַת גְלוּיוֹת. ____________
6. אֲנַחְנוּ חוֹזְרִים הַבַּיְתָה. ____________
7. אַתֶּם קוֹרְאִים עִתּוֹנִים. ____________
8. הֵם אוֹכְלִים בַּמִּטְבָּח. ____________

B. Write in the plural:

1. לָמַדְתִּי בַּחֶדֶר שֶׁלִּי. ____________
2. כָּתַבְתָּ לָאָחוֹת שֶׁלְּךָ. ____________
3. שָׁלַחְתְּ לִי חֲבִילָה גְדוֹלָה. ____________
4. הוּא קָרָא שְׁנֵי סְפָרִים. ____________
5. הִיא מָכְרָה אֶת הַחֲנוּת לְאִשָּׁה אַחֶרֶת. ____________

C. Take note of the pattern:

Plural	Feminine	Masculine	
כְּחֻלִּים/כְּחֻלּוֹת	כְּחֻלָּה	כָּחֹל	
יְרֻקִּים/יְרֻקּוֹת	יְרֻקָּה	יָרֹק	
צְהֻבִּים/צְהֻבּוֹת	צְהֻבָּה	צָהֹב	
אֲדֻמִּים/אֲדֻמּוֹת	אֲדֻמָּה	אָדֹם	
שְׁחוֹרִים/שְׁחוֹרוֹת	שְׁחוֹרָה (!!)	שָׁחוֹר	אֲבָל:

C. Fill in the blanks, making use of אֶת in one of the two spaces (not alwalys the same):

1. לָמָה אַתְּ לוֹבֶשֶׁת חֻלְצָה כְּחֻלָּה?

כִּי אֶתְמוֹל _____ _____ הַחֻלְצָה הַלְּבָנָה.

2. מַה שָׁלַחְתָּ בַּדֹּאַר?

שָׁלַחְתִּי _____ _____ הַגְּדוֹלָה לְרוּתִי.

3. מַה אַתֶּם אוֹכְלִים?

אֲנַחְנוּ _____ _____ הָעֻגָּה הַטּוֹבָה שֶׁל רָנָה.

4. מַה הַצֶּבַע הַזֶּה?

אֲנִי לֹא _____ _____ הַשֵּׁם שֶׁל הַצֶּבַע בְּעִבְרִית.

5. לָמָה הוּא לֹא בָּא לַשִּׁעוּר?

כִּי הוּא לֹא אוֹהֵב _____ _____ הַחֲדָשָׁה...

D. Change to plural:

1. הַבֵּיצָה לֹא טוֹבָה.
_____

2. אֵין לָהּ שִׂמְלָה לְשַׁבָּת.
_____

3. הָעִיר הַזֹּאת יָפָה מְאֹד.
_____

4. בַּחֲנוּת עוֹבֶדֶת אִשָּׁה נֶחְמָדָה.
_____

5. הַבֵּן שֶׁלּוֹ חָבֵר שֶׁלִּי.
_____

E. Write in the past and in the future:

1. הַיּוֹם שַׁבָּת.   3. הֵם נֶחְמָדִים.

אֶתְמוֹל _____   _____

מָחָר _____   _____

2. הִיא תַּלְמִידָה.   4. הַיּוֹם יוֹם שְׁלִישִׁי.

_____   אֶתְמוֹל _____

_____   מָחָר _____

F. Select the correct word to complete each sentence:

1. בַּחוּרִים לוֹבְשִׁים ____________. (מִכְנָסַיִם/שְׂמָלוֹת)

2. הַיַּלְדָּה לוֹבֶשֶׁת ____________ וְחֻלְצָה. (שִׂמְלָה/חֲצָאִית)

3. הַיּוֹם קַר. אַתָּה צָרִיךְ לִלְבֹּשׁ ____________. (סְוֶדֶר/חֻלְצָה)

4. חַם הַיּוֹם. אֲנִי לֹא רוֹצֶה לִלְבֹּשׁ ____________. (מְעִיל/חֲצָאִית)

5. רַק נָשִׁים לוֹבְשׁוֹת ____________. (חֻלְצוֹת/שְׂמָלוֹת)

G. Complete the sentences, by selecting the proper words from the list at the bottom:

1. הַשִּׂמְלָה הַלְּבָנָה יְקָרָה: הִיא עוֹלָה אֶלֶף שְׁקָלִים. הַשִּׂמְלָה הַכְּחֻלָּה ___זוֹלָה___: הִיא עוֹלָה רַק מֵאָה שְׁקָלִים.

2. הוּא לוֹבֵשׁ גִ'ינְס, כִּי הוּא אוֹהֵב צֶבַע ____________.

3. הוּא לוֹבֵשׁ אֶת הַמְּעִיל הַחוּם גַּם בַּבֹּקֶר וְגַם בָּעֶרֶב, כִּי אֵין לוֹ מְעִיל ____________.

4. אֵין לָהּ הַרְבֵּה בְּגָדִים, אֲבָל כָּל הַבְּגָדִים שֶׁלָּהּ ____________ וְטוֹבִים.

5. הַצֶּבַע שֶׁל הֶחָלָב ____________.

6. הַדֶּגֶל שֶׁל אַרְהַ"ב הוּא ____________, כָּחֹל, וְלָבָן.

7. בְּמָקוֹם שֶׁיֵּשׁ אִינְפְלַצְיָה, הַכֹּל ____________.

8. אֲנַחְנוּ הוֹלְכִים לַ____________ לִקְנוֹת בְּגָדִים.

(לָבָן, אַחֵר, חֲנוּת, ~~זוֹלָה~~, כָּחֹל, יָקָר, אָדֹם, יְקָרִים)

A. Write in the past tense:

1. אֲנִי שׁוֹתֶה מִיץ. ______________________________

2. אַתָּה בּוֹנֶה בַּיִת. ______________________________

3. אַתְּ עוֹשָׂה עֻגָה. ______________________________

4. הוּא רוֹצֶה לִנְסֹעַ בִּמְכוֹנִית. ______________________________

5. הִיא קוֹנָה שִׂמְלָה. ______________________________

6. אֲנַחְנוּ חוֹצִים אֶת הַכְּבִישׁ. ______________________________

7. אַתֶּם סְטוּדֶנְטִים. ______________________________

8. הַסְּפָרִים עוֹלִים מֵאָה שְׁקָלִים. ______________________________

B. Rewrite the sentences, using forms of מֻכְרָח as auxiliary verb:

דֻּגְמָה: הַתַּיֶּרֶת חוֹצָה אֶת הַכְּבִישׁ. התירת מכרחה לחצות את הכביש

1. הוּא יוֹרֵד בַּתַּחֲנָה הַשְּׁלִישִׁית. ______________________________

2. הִיא הוֹלֶכֶת לַחֲנוּת. ______________________________

3. הֵן יוֹשְׁבוֹת בָּאוֹטוֹבּוּס. ______________________________

4. הַהוֹרִים יוֹדְעִים אֵיפֹה הִיא גָּרָה. ______________________________

C. Cross out the incorrect choice:

1. אֲנִי (נוֹסֵעַ/הוֹלֵךְ) לָאוּנִיבֶרְסִיטָה בְּאוֹטוֹבּוּס.
2. הוּא (נוֹסֵעַ/הוֹלֵךְ) מֵהַמִּטְבָּח לָאַמְבַּטְיָה.
3. הִיא (נוֹסַעַת/הוֹלֶכֶת) מֵהַבַּיִת לַמְּכוֹנִית שֶׁלָּהּ.
4. הֵם (נוֹסְעִים/הוֹלְכִים) לְיִשְׂרָאֵל בְּמָטוֹס.
5. הֵן (נוֹסְעוֹת/הוֹלְכוֹת) לַשִּׁעוּר בָּרֶגֶל.
6. הָאִשָּׁה (נוֹסַעַת/הוֹלֶכֶת) לְנְיוּ-יוֹרְק בְּרַכֶּבֶת.
7. הַסְּטוּדֶנְטִים (נוֹסְעִים/הוֹלְכִים) לְאֵירוֹפָּה בָּאֳנִיָּה.
8. הָאִישׁ (נוֹסֵעַ/הוֹלֵךְ) לַחֶדֶר הַשֵּׁנִי.

D. Cross out the incorrect choice (if there is one):

1. אֵיךְ נוֹסְעִים מִשִּׁיקָגוֹ לְנְיוּ-יוֹרְק? — בְּמָטוֹס, בְּרַכֶּבֶת, בָּרֶגֶל
2. אֵיךְ נוֹסְעִים מִיִּשְׂרָאֵל לְנְיוּ יוֹרְק? — בִּמְכוֹנִית, בְּמָטוֹס, בָּאֳנִיָּה
3. אֵיךְ נוֹסְעִים מִירוּשָׁלַיִם לְתֵל-אָבִיב? — בְּאוֹטוֹבּוּס, בְּרַכֶּבֶת, בָּאֳנִיָּה
4. אֵיךְ נוֹסְעִים מִשִּׁיקָגוֹ לְפְלוֹרִידָה? — בְּרַכֶּבֶת, בְּמָטוֹס, בִּמְכוֹנִית

E. Answer in complete sentences:

1. אֵיךְ אַתָּה בָּא לָאוּנִיבֶרְסִיטָה בַּבֹּקֶר?

____

2. אֵיךְ אַתָּה הוֹלֵךְ לַחֲנוּת לִקְנוֹת אֹכֶל?

____

3. אֵיךְ אַתָּה נוֹסֵעַ אֶל הַהוֹרִים שֶׁלְּךָ מֵהָאוּנִיבֶרְסִיטָה?

____

4. אֵיךְ אַתָּה הוֹלֵךְ לַדֹּאַר?

____

5. אֵיךְ נוֹסְעִים מִצָּרְפַת לְגֶרְמַנְיָה?

____

6. אֵיךְ נוֹסְעִים מֵאֲמֶרִיקָה לְאֵירוֹפָּה?

____

7. אֵיךְ אַתָּה הוֹלֵךְ מֵהַכִּתָּה לַסִּפְרִיָּה?

____

דֹּאַר
מִסְעָדָה
תֵּאַטְרוֹן
מוּזֵאוֹן
רְחוֹב הַיַּרְדֵּן
רְחוֹב הַיַּרְדֵּן
רְחוֹב הַיַּרְדֵּן
בַּנְק
עִירִיָּה
גַּן
בֵּית סֵפֶר
מִשְׁטָרָה
רְחוֹב יְרוּשָׁלַיִם
רְחוֹב הַשָּׁלוֹם
רְחוֹב בֶּן-יְהוּדָה
רְחוֹב בֶּן-גּוּרְיוֹן
רְחוֹב בֶּן-גּוּרְיוֹן
חֲנוּת סְפָרִים
סִפְרִיָּה
רְחוֹב הַגָּלִיל
רְחוֹב הַנֶּגֶב
רְחוֹב הַגָּלִיל
רְחוֹב יְרוּשָׁלַיִם
רְחוֹב הַשָּׁלוֹם
רְחוֹב בֶּן-יְהוּדָה
אוּנִיבֶרְסִיטָה
בֵּית כְּנֶסֶת
צָפוֹן
מַעֲרָב
מִזְרָח
דָּרוֹם

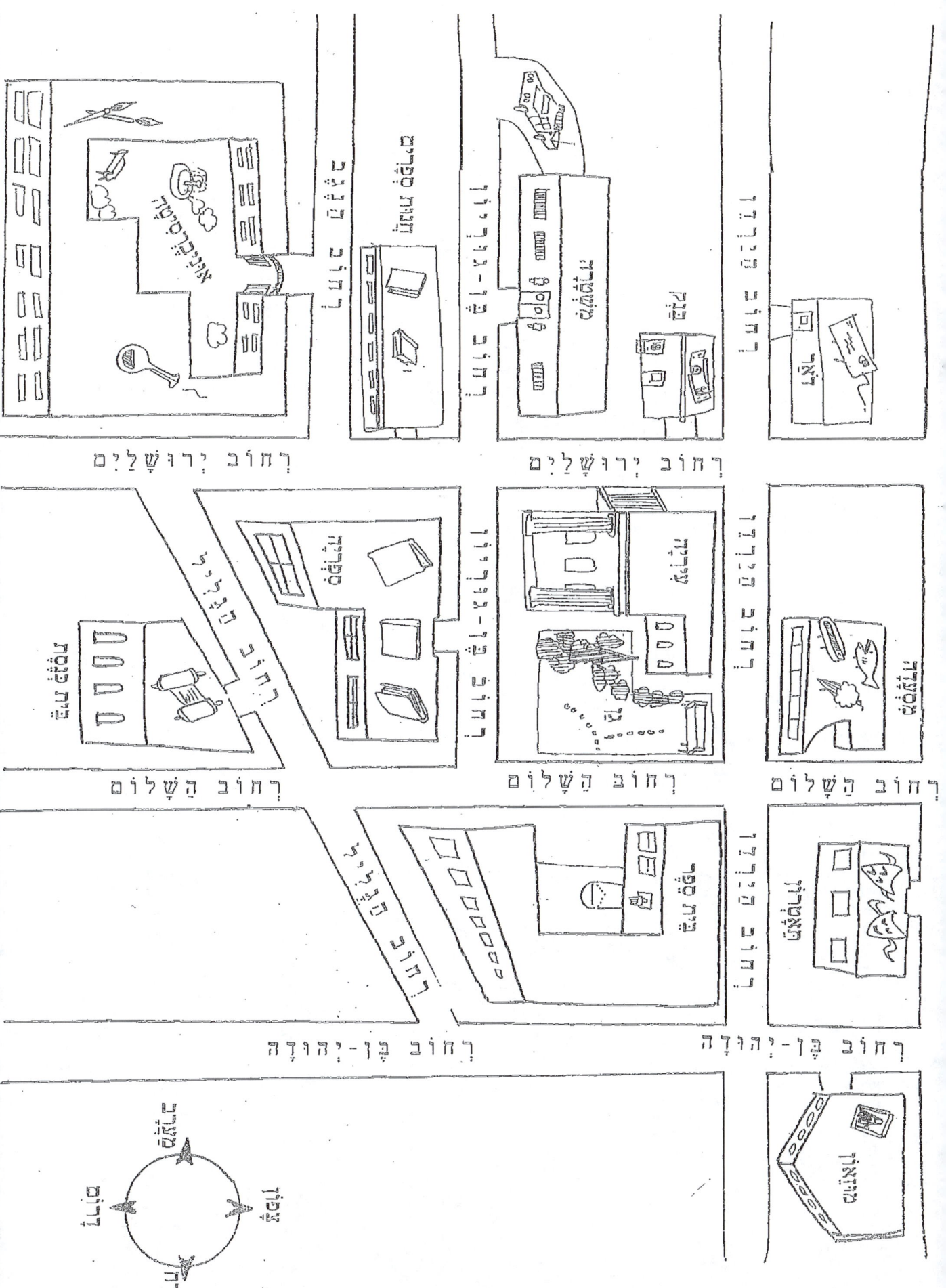

F. Answer, in the fullest detail, according to the map on the previous page:

1. אֵיךְ הוֹלְכִים מֵהַדֹּאַר לָעִירִיָּה?

הולכים מערבה ברחוב הירדן, פונים דרומה (ימינה) ברחוב ירושלים, העיריה משמאל

2. אֵיךְ הוֹלְכִים מֵהַמִּשְׁטָרָה לָעִירִיָּה?

3. אֵיךְ הוֹלְכִים מֵהַסִּפְרִיָּה לַתֵּאַטְרוֹן?

4. אֵיךְ הוֹלְכִים מִבֵּית הַכְּנֶסֶת לַמּוּזֵאוֹן?

5. אֵיךְ הוֹלְכִים מִבֵּית הַסֵּפֶר לַגַּן?

6. אֵיךְ הוֹלְכִים מִבֵּית הַכְּנֶסֶת לָאוּנִיבֶרְסִיטָה?

7. עַל-יַד מָה הָעִירִיָּה?

8. עַל-יַד מָה חֲנוּת הַסְּפָרִים?

9. מָה יֵשׁ בִּצְפוֹן הָעִיר?

10. מָה יֵשׁ בִּדְרוֹם הָעִיר?

11. מָה יֵשׁ בִּצְפוֹן-מִזְרַח הָעִיר?

12. מָה יֵשׁ בִּדְרוֹם-מַעֲרַב הָעִיר?

13. בְּאֵילוּ רְחוֹבוֹת הוֹלְכִים מִמִּזְרָח לְמַעֲרָב?

14. בְּאֵילוּ רְחוֹבוֹת הוֹלְכִים מִצָּפוֹן לְדָרוֹם?

G. Write out in words the contents of the parentheses (don't forget to puralize the nouns!)

1.   יֵשׁ לוֹ (שֶׁקֶל x 5,000) בַּבַּנְק.   _____

2.   יְהוּדִים לֹא דִּבְּרוּ עִבְרִית כִּמְעַט (שָׁנָה x 2,000).   _____

3.   בַּסִּפְרִיָּה שֶׁלָּנוּ יֵשׁ (סֵפֶר x 10,000).   _____

4.   קָרָאתִי אֶת הַסֵּפֶר (לַיְלָה x 1,001).   _____

5.   בַּקּוֹנְצֶרְט הָיוּ בְּדִיּוּק (אִשָּׁה x 7,258).   _____

6.   בַּמּוּזֵיאוֹן מְבַקְּרִים (תַּיָּר x 7,000) בְּשָׁבוּעַ.   _____

7.   יֵשׁ (דַּקָּה x 1,440) בְּיוֹם.   _____

8.   בָּעִירִיָּה עוֹבְדִים (אִישׁ x 4,305).   _____

9.   יֵשׁ בָּעִיר (רְחוֹב x 6,347).   _____

10.   הוּא אוֹכֵל (בֵּיצָה x 3,402) בְּשָׁנָה??!   _____

11.   בַּמִּסְפָּר (3,000) יֵשׁ (אֶפֶס x 3).   _____

_____

A. Write in the past tense. Use forms of שֶׁעָבַר for the time period:

1. הַשָּׁבוּעַ אֲנִי בּוֹנֶה מוֹדֶל שֶׁל מָטוֹס. בַּשָּׁבוּעַ שֶׁעָבַר בָּנִיתִי מוֹדֶל שֶׁל מָטוֹס

2. הַחֹדֶשׁ הִיא קוֹנָה שִׂמְלָה חֲדָשָׁה. ______________________________

3. הַשַּׁבָּת הֵם רוֹצִים לָלֶכֶת לַמּוּזֵאוֹן. ______________________________

4. הַשָּׁנָה אַתֶּם שׁוֹתִים הַרְבֵּה קָפֶה. ______________________________

5. הַשָּׁבוּעַ אַתָּה עוֹלֶה לְיִשְׂרָאֵל. ______________________________

6. הַשָּׁבוּעַ אֲנַחְנוּ יוֹשְׁבִים עַל-יָדָהּ. ______________________________

B. Write in the past tense. Use forms of שֶׁעָבַר for the time period:

1. הַשָּׁבוּעַ יֵשׁ לִי בְּחִינָה. בַּשָּׁבוּעַ שֶׁעָבַר הָיְתָה לִי בְּחִינָה

2. הַחֹדֶשׁ יֵשׁ לָהֶם מְכוֹנִית חֲדָשָׁה. ______________________________

3. הַשַּׁבָּת יֵשׁ לָהֶם אוֹרְחִים נֶחְמָדִים. ______________________________

4. הַשָּׁנָה אֵין לָכֶם מָקוֹם בַּבִּנְיָן. ______________________________

5. הַשָּׁבוּעַ יֵשׁ לָנוּ עֲבוֹדָה קָשָׁה. ______________________________

C. Write in the future. Use forms of הַבָּא for the time period:

1. הַשָּׁנָה אֵין לָאֲנָשִׁים הַרְבֵּה כֶּסֶף. בַּשָּׁנָה הַבָּאָה לֹא יִהְיֶה לָאֲנָשִׁים הַרְבֵּה כֶּסֶף

2. הַשָּׁבוּעַ יֵשׁ לְךָ שָׁלֹשׁ בְּחִינוֹת. ______________________________

3. הַחֹדֶשׁ יֵשׁ לַנֶּהָג הַרְבֵּה נוֹסְעִים. ______________________________

4. הַשַּׁבָּת אֵין לָךְ מָקוֹם בַּמָּלוֹן. ______________________________

D. Insert the proper forms of עַל-יַד:

1. אֶתְמוֹל נָסַעְתִּי בָּרַכֶּבֶת, וְדָוִד יָשַׁב __עַל יָדִי__.
2. בָּעֶרֶב עָמַדְנוּ בַּתַּחֲנָה. הֵם עָמְדוּ __________.
3. גַּם הַבִּנְיָן שֶׁל הַדֹּאַר בִּרְחוֹב יָפוֹ. הַבַּיִת שֶׁלָּכֶם __________?
4. הִיא בַּחוּרָה יָפָה. אַתָּה אוֹהֵב לָשֶׁבֶת __________ בַּכִּתָּה, נָכוֹן?
5. אַתָּה גָּר בְּתֵל-אָבִיב? גַּם הַדּוֹדָנִית שֶׁלִּי! אוּלַי הִיא גָּרָה __________.
6. אַתֶּם עֲמַדְתֶּם בָּרְחוֹב, וַאֲנִי עָבַרְתִּי __________. לָמָּה לֹא אֲמַרְתֶּם לִי "שָׁלוֹם"?
7. הֵם לוֹמְדִים בַּסִּפְרִיָּה. הִיא לוֹמֶדֶת __________.
8. אַתְּ גָּרָה בִּשְׁכוּנָה יָפָה וְטוֹבָה. אֲנִי רוֹצָה לָגוּר __________.

E. Fill in the blanks with nouns derived from פִּעֵל:

1. הִיא יְכוֹלָה לְצַיֵּר __צִיּוּרִים__ יָפִים מְאֹד.
2. לָמָּה אַתָּה מְעַשֵּׁן? הַ__________ לֹא טוֹב לַבְּרִיאוּת!
3. אֲנַחְנוּ אוֹהֲבִים לְבַקֵּר בַּבַּיִת שֶׁלּוֹ, כִּי הַ__________ שָׁם תָּמִיד נְעִימִים.
4. הוּא סִפֵּר לָנוּ הַרְבֵּה __________ עַל הַחַיִּים שֶׁלּוֹ בָּאָרֶץ.
5. מִי סִדֵּר אֶת הַדִּירָה? אֲנִי לֹא אוֹהֶבֶת אֶת הַ__________ הֶחָדָשׁ.

F. Write in the past tense:

1. אֲנִי מְשַׁלֵּם לַנֶּהָג שְׁלֹשָׁה שְׁקָלִים. __________________________
2. בַּבַּיִת אַתֶּם מְדַבְּרִים רַק עִבְרִית. __________________________
3. הִיא מְבַקֶּרֶת בַּמּוּזֵאוֹן בְּיוֹם שֵׁנִי. __________________________
4. אֲנַחְנוּ מְסַדְּרִים אֶת הַסְּפָרִים בַּסִּפְרִיָּה. __________________________
5. הֵם מְסַפְּרִים לָנוּ עַל הַטִּיּוּל שֶׁלָּהֶם בְּמֶכְּסִיקוֹ. __________________________

G. Write in the past tense, changing time reference and verb form:

1. הַשָּׁבוּעַ יֵשׁ לָנוּ שְׁתֵּי בְּחִינוֹת. ______________________

2. הַשָּׁנָה אֵין לָהֶם קְרוֹבִים בָּעִיר. ______________________

3. הַשַּׁבָּת יֵשׁ לָכֶם הַרְבֵּה זְמַן לָנוּחַ. ______________________

4. הַחֹדֶשׁ אֵין לִי עֲבוֹדָה, אֲבָל יֵשׁ לִי כֶּסֶף. ______________________

____

H. Write section "G" above in the future:

1. ______________________

2. ______________________

3. ______________________

4. ______________________

A. Vocalize (put vowels in) the connecting ו as either וְ or וּ, as needed:

.1 דָּוִד ודוּת

.2 יִשְׂרָאֵל ורוּסְיָה

.3 יְרוּשָׁלַיִם ובּוֹסְטוֹן.

.4 אַנְגְּלִיָּה וסְקוֹטְלַנְד

.5 תַּלְמִיד ומוֹרֶה.

.6 כִּסֵּא ושֻׁלְחָן.

.7 אַמְבַּטְיָה ומִקְלַחַת.

B. Vocalize as either מִ or מֵ, as needed:

.1 אֲנִי מיִּשְׂרָאֵל.

.2 אַתָּה מאֲמֶרִיקָה.

.3 אַתְּ מקַּנָדָה.

.4 הוּא מרוּסְיָה.

.5 הִיא מאַפְרִיקָה.

.6 אֲנַחְנוּ מרוֹמַנְיָה.

C. Vocalize as either בְּ or בַּ, as needed:

.1 מָתַי גַּרְתֶּם בדִּירָה?

.2 טִיַּלְתֶּם ברְחוֹב יָפֶה.

.3 הַבַּיִת שֶׁלָּהֶם בשְׁכוּנָה חֲדָשָׁה.

.4 אֲחוֹתוֹ אוֹהֶבֶת לֶאֱכֹל במִסְעָדוֹת יְקָרוֹת.

.5 בָּאתֶם לָעִיר בזְמַן טוֹב.

D. Choose the proper part(s) of the body from the margin and conjugate the verb "ache" to agree with it

1.	הוּא לֹא קוֹרֵא עַכְשָׁו, כִּי הָ__עֵינַיִם__ כּוֹאֲב_וֹת_ לוֹ.	אָזְנַיִם
2.	הִיא לֹא יְכוֹלָה לֶאֱכֹל סְטֵיק, כִּי הַ__________ כּוֹאֵב__ לָהּ.	יָד
3.	אָכַלְתִּי אֹכֶל לֹא טוֹב אֶתְמוֹל. עַכְשָׁו הַ__________ כּוֹאֵב__ לִי.	גָרוֹן
4.	אֶתְמוֹל רַצְנוּ 10 קִילוֹמֶטְרִים. הַיּוֹם הָ__________ כּוֹאֵב__ לָנוּ.	בֶּטֶן
5.	כְּבָר כָּתַבְתִּי 6 מִכְתָּבִים הַיּוֹם, וְהַ__________ כּוֹאֵב__ לִי.	~~עֵינַיִם~~
6.	אַתְּ מְצֻנֶּנֶת. הַ__________ כּוֹאֵב__ לָךְ? הוּא אָדֹם.	רֹאשׁ
7.	הַמּוּסִיקָה בָּרַדְיוֹ חֲזָקָה מְאֹד. הָ__________ כְּבָר כּוֹאֵב__ לָהֶם.	שִׁנַּיִם
8.	לְקַחְתֶּם כְּבָר שְׁנֵי כַּדּוּרִים שֶׁל אַסְפִּירִין, וְהָ__________ עוֹד כּוֹאֵב__ לָכֶם?!	רַגְלַיִם

E. Write in the past tense:

1. הָאֶצְבַּע הַקְּטַנָּה כּוֹאֶבֶת לִי. ______________________________
2. לְמִי כּוֹאֵב הַגַּב? ______________________________
3. כּוֹאֲבִים לוֹ הָאַף וְהָאֹזֶן. ______________________________
4. כּוֹאֲבוֹת לָהֶם הַשִּׁנַּיִם. ______________________________

F. Use the proper form of אֵצֶל to complete the following sentences:

1. הַדִּירָה שֶׁלִּי נֶחְמָדָה. הֵם אוֹהֲבִים לְבַקֵּר __________.
2. הֵם יִהְיוּ בַּבַּיִת בָּעֶרֶב? מִי עוֹד יִהְיֶה __________?
3. הַכִּתָּה שֶׁלָּנוּ מְצֻיֶּנֶת הַשָּׁנָה. אֵין __________ תַּלְמִידִים לֹא טוֹבִים.
4. אַתֶּם מִסְטַנְפוֹרְד? כַּמָּה סְטוּדֶנְטִים יֵשׁ __________ בָּאוּנִיבֶרְסִיטָה?
5. אַתְּ לָקַחְתְּ אֶת הַסֵּפֶר מֵהַסִּפְרִיָּה לִפְנֵי שָׁבוּעַ. הוּא עוֹד __________?
6. הוּא בָּרִיא מְאֹד. אֵין __________ בַּבַּיִת כַּדּוּרִים וּתְרוּפוֹת.
7. אֲנַחְנוּ אוֹהֲבִים אֶת הַמּוֹרָה הַחֲדָשָׁה, כִּי אֵין __________ בְּחִינוֹת בַּכִּתָּה.
8. אֲנַחְנוּ בָּאִים לְבַקֵּר בַּבַּיִת שֶׁלְּךָ הָעֶרֶב. יֵשׁ __________ יַיִן טוֹב?

G. Write in the past tense:

1. הוּא לֹא מְבַקֵּר אֶצְלֵנוּ. ________________________________

2. אֲנִי מְדַבֵּר עִם הָרוֹפֵא. ________________________________

3. הִיא מְסַדֶּרֶת אֶת הַדִּירָה. ________________________________

4. אֲנַחְנוּ מְשַׁלְּמִים לַמֶּלְצָר. ________________________________

5. אַתְּ מְסַפֶּרֶת לוֹ עַל הַטִּיּוּל. ________________________________

6. הֵם מְעַשְּׁנִים בַּחוּץ. ________________________________

7. אַתֶּם מְצַיְּרִים בַּמּוּזֵאוֹן. ________________________________

8. אַתָּה מְטַלְפֵּן הַבַּיְתָה. ________________________________

H. Rewrite the following sentences, using forms of מֻכְרָח as auxiliary verbs:

1. הוּא לוֹקֵחַ 3 כַּדּוּרִים בְּיוֹם. ________________________________

2. הִיא שׁוֹכֶבֶת לִישֹׁן מֻקְדָּם. ________________________________

3. אַתָּה יוֹרֵד מֵהָאוֹטוֹבּוּס עַכְשָׁו. ________________________________

4. אֲנַחְנוּ הוֹלְכִים לַחֲנוּת. ________________________________

5. הֵם לֹא אוֹמְרִים מַה שְּׁמָם. ________________________________

6. אַתְּ יוֹשֶׁבֶת לִלְמֹד. ________________________________

7. אֲנִי שׁוֹכֵב בַּמִּטָּה כְּבָר שָׁבוּעַ. ________________________________

8. אַתֶּן גָּרוֹת בְּדִירָה גְּדוֹלָה. ________________________________

9. אַתָּה יוֹדֵעַ מָתַי הַבְּחִינָה הַבָּאָה. ________________________________

INFINITIVES TO REMEMBER

שׁוֹכֵב	לִשְׁכַּב
לוֹקֵחַ	לָקַחַת
אוֹמֵר	לוֹמַר

I. Given the age, supply the details of birth (spell out the numbers):

1. הוּא ______ .30 הוּא ________ בְּ-________________________________
2. הוּא ______ .70 הוּא ________ בְּ-________________________________
3. הִיא ______ .18 הִיא ________ בְּ-________________________________
4. הִיא ______ .45 הִיא ________ בְּ-________________________________
5. הוּא ______ .12 הוּא ________ בְּ-________________________________

J. Tell the time in words:

1. (8:00) הַשָּׁעָה ________________________________
2. (9:15) ________________________________
3. (10:30) ________________________________
4. (11:05) ________________________________
5. (11:45) ________________________________
6. (12:50) ________________________________

K. Write questions to these answers:

1. **כִּי** הוּא חוֹלֶה. ________________________________
2. גִּיסוֹ גָּר **בְּצָרְפַת**. ________________________________
3. הָרוֹפֵא בָּדַק **אוֹתָהּ**. ________________________________
4. הֵם נָסְעוּ **לְהוֹלַנְד**. ________________________________
5. הַשָּׁעָה **שָׁלֹשׁ** בְּדִיּוּק. ________________________________
6. הִיא בַּת **שֶׁבַע**. ________________________________
7. הֵם אוֹכְלִים **בָּעֶרֶב**. ________________________________
8. אֲנִי כּוֹתֵב **גְּלוּיָה**. ________________________________

A. Write in the past tense:

1. אֲנִי מְנַסֶּה לִשְׁמֹעַ אֶת הַחֲדָשׁוֹת בָּרַדְיוֹ. ______________

2. לְמִי אַתָּה מְחַכֶּה? ______________

3. לָמָּה אַתְּ מְשַׁנָּה אֶת הַצֶּבַע שֶׁל הַשֵּׂעָר? ______________

4. הוּא מְחַכֶּה לַמָּשִׁיחַ. ______________

5. הִיא מְנַסָּה לֶאֱכֹל רַק אֹכֶל בָּרִיא. ______________

6. אֲנַחְנוּ מְשַׁנִּים אֶת הָעוֹלָם. ______________

7. אַתֶּם מְחַכִּים כְּבָר לְסוֹף הַשָּׁבוּעַ. ______________

8. הֵם מְנַסִּים לִהְיוֹת נֶחְמָדִים. ______________

B. Fill in the missing words from the list at the bottom:

1. הַחַיִּים שֶׁלּוֹ לֹא קַלִּים: יֵשׁ לוֹ הַרְבֵּה ______________.

2. הַשְּׁאֵלָה שֶׁלְּךָ טוֹבָה, אֲבָל אֵין לִי ______________.

3. אֵיפֹה הָיִיתָ בַּבֹּקֶר? ______________ אוֹתְךָ בְּכָל הָאוּנִיבֶרְסִיטָה!

4. ______________ לִנְסֹעַ מִנְיוּ-יוֹרְק לְקָלִיפוֹרְנִיָּה בְּמָטוֹס אוֹ בִּמְכוֹנִית.

5. יֵשׁ לָהּ ______________ מְצֻיָּנוֹת: הִיא כּוֹתֶבֶת כָּל מִלָּה שֶׁהַמּוֹרֶה אוֹמֵר בַּשִּׁעוּר.

6. הֵם כְּבָר לֹא גָּרִים פֹּה. הֵם ______________ אֶת הַכְּתֹבֶת בַּשָּׁבוּעַ שֶׁעָבַר.

(תְּשׁוּבָה, אֶפְשָׁר, בְּעָיוֹת, רְשִׁימוֹת, שִׁנּוּ, חִפַּשְׂתִּי)

C. Rewrite the following sentences, using forms of אֵין:

1. אֲנִי לֹא מְחַפֵּשׂ לִי בְּעָיוֹת.   _אֵינֶנִּי מְחַפֵּשׂ לִי בְּעָיוֹת_

2. הוּא לֹא כּוֹתֵב אֶת הָעֲבוֹדָה.   _____

3. אַתְּ לֹא מְבִינָה אֶת הַשִּׁעוּר.   _____

4. אֲנַחְנוּ לֹא מְשַׁנִּים אֶת הַסֵּדֶר.   _____

5. הֵם לֹא רוֹצִים לְנַסּוֹת דְּבָרִים חֲדָשִׁים.   _____

6. אַתָּה לֹא מַתְחִיל לִלְמֹד לַבְּחִינָה?   _____

7. הִיא לֹא מְצַיֶּרֶת צִיּוּרִים מוֹדֶרְנִיִּים.   _____

8. אַתֶּם לֹא מְטַיְּלִים בְּשַׁבָּת.   _____

D. Write in the past:

1. אֲנִי מְדַבֵּר עִם סַבָּא בְּיִידִישׁ.   _____

2. אַתָּה מְשַׁלֵּם בַּמִּסְעָדָה.   _____

3. אַתְּ מְבַקֶּרֶת אֵצֶל הַהוֹרִים?   _____

4. הוּא מְעַשֵּׁן חֲצִי חֲפִיסָה בְּיוֹם.   _____

5. הִיא מְסַדֶּרֶת אֶת הַמִּטָּה.   _____

6. אֲנַחְנוּ מְנַסִּים לָבוֹא בַּזְּמַן.   _____

7. אַתֶּם מְשַׁנִּים אֶת דַּעְתְּכֶם.   _____

8. הֵם מְחַכִּים לָנוּ בַּחוּץ.   _____

E. Fill in the proper forms of אֶל:

1. יֵשׁ לִי בַּיִת יָפֶה. חֲבֵרִים אוֹהֲבִים לָבוֹא ________ לְבִקּוּרִים.

2. אֲנִי מְדַבֶּרֶת ________! לָמָה אֵינְךָ עוֹנֶה לִי?

3. אָחִי גָר בְּבּוֹסְטוֹן. בְּכָל חֹפֶשׁ אֲנִי נוֹסֵעַ ________.

4. לֹא בָּאתִי ________ אֶתְמוֹל, כִּי חָשַׁבְתִּי שֶׁאַתֶּם מְצֻנָּנִים.

5. אֲנִי יוֹדֵעַ שֶׁלֹּא הָיִיתָ בַּבַּיִת. נִסִּיתִי לְטַלְפֵּן ________ כָּל הָעֶרֶב.

6. הוּא הוֹלֵךְ אֶל הָרוֹפְאָה הַחֲדָשָׁה. אֲנִי שָׁלַחְתִּי אוֹתוֹ ________.

7. אֲנַחְנוּ בִּקַּרְנוּ אֶצְלְכֶם בַּשָּׁבוּעַ שֶׁעָבַר. מָתַי כְּבָר תָּבוֹאוּ אַתֶּם ________?

8. הֵם קְצָת חוֹלִים הַיּוֹם. צָרִיךְ לְטַלְפֵּן ________ וְלִשְׁאֹל אִם הֵם צְרִיכִים מַשֶּׁהוּ.

F. Write in the present tense, using forms of אֵין:

דֻּגְמָה: הִיא לֹא טִיְּלָה בְּיִשְׂרָאֵל. הִיא אֵינָהּ מְטַיֶּלֶת בְּיִשְׂרָאֵל ________

1. לֹא עִשַּׁנְתִּי בַּחוּץ. ________

2. לָמָּה לֹא חָצִיתָ אֶת הַכְּבִישׁ? ________

3. לֹא שִׁלַּמְנוּ לַנֶּהָג בְּדוֹלָרִים. ________

4. לֹא נָסַעַתְּ לָאוּנִיבֶרְסִיטָה בְּמוֹנִית. ________

5. לֹא עֲשִׂיתֶם שִׁעוּרִים בַּבֹּקֶר. ________

6. הֵם לֹא רָצוּ לָרַכֶּבֶת. ________

7. לָמָּה הוּא לֹא חִכָּה לָהּ? ________

8. הִיא לֹא שִׁנְּתָה אֶת הַכְּתֹבֶת. ________

A. Write in the future, changing time reference as well as verb forms:

1. בַּשָּׁבוּעַ שֶׁעָבַר רָקַדְתִּי עִם רִנָּה בְּדִיסְקוֹטֶק. בַּשָּׁבוּעַ הַבָּא אֶרְקֹד עִם רִנָּה בְּדִיסְקוֹטֶק

2. בַּשָּׁנָה שֶׁעָבְרָה גָּמַרְתָּ אֶת הָעֲבוֹדָה בַּזְּמַן. ______________

3. בְּיוֹם רִאשׁוֹן שֶׁעָבַר לָמַדְתְּ כָּל הַיּוֹם. ______________

4. הָרוֹפֵא בָּדַק אֶתְכֶם בַּחֹדֶשׁ שֶׁעָבַר. ______________

5. אֶתְמוֹל הִיא כָּתְבָה שְׁתֵּי אִגְּרוֹת אֲוִיר. ______________

6. בֶּעָבָר רָקַדְנוּ בָּלֶט מוֹדֶרְנִי. ______________

7. בְּיוֹם שְׁלִישִׁי שֶׁעָבַר קְרָאתֶם סִפּוּר מְעַנְיֵן. ______________

8. בַּשָּׁנָה שֶׁעָבְרָה הֵם מָכְרוּ אַלְפַּיִם מְכוֹנִיּוֹת. ______________

B. Complete the following sentences in the future tense:

1. אֲנִי מֻכְרָח לִזְכֹּר אֶת שְׁמוֹ, אֲבָל אֲנִי פּוֹחֵד שֶׁלֹּא ___אֶזְכֹּר___ אוֹתוֹ.

2. עַכְשָׁו אַתָּה לוֹמֵד לִרְקֹד בָּלֶט. בֶּעָתִיד אוּלַי ________ כְּמוֹ נוּרֵיֶב אוֹ בָּרִישְׁנִיקוֹב.

3. אַתְּ רוֹצָה לִקְרֹא בְּשֶׁקֶט? בַּחֹפֶשׁ ________ בְּשֶׁקֶט, כִּי הַסְּטוּדֶנְטִים לֹא יִהְיוּ פֹּה.

4. הוּא לוֹמֵד לִכְתֹּב סִינִית. אוּלַי בַּשָּׁנָה הַבָּאָה הוּא כְּבָר ________ סִפּוּר קָצָר בְּסִינִית.

5. הִיא מְנַסָּה לִמְכֹּר אֶת הַמְּכוֹנִית שֶׁלָּהּ. אֲנִי חוֹשֵׁב שֶׁהִיא ________ אוֹתָהּ הַשָּׁבוּעַ.

6. אֲנַחְנוּ יְכוֹלִים לִבְדֹּק אֶת הַבְּחִינוֹת עַכְשָׁו; אֲבָל ________ אוֹתָן מָחָר.

7. אַתֶּם רוֹצִים לִלְמֹד בְּאֻלְפָּן בְּיִשְׂרָאֵל? טוֹב, אוּלַי בֶּאֱמֶת ________ שָׁם בַּקַּיִץ הַבָּא.

8. הַיּוֹם הֵם לוֹבְשִׁים מִכְנָסַיִם שְׁחוֹרִים. מָחָר הֵם ________ מִכְנָסַיִם כְּחֻלִּים.

C. Use past forms of רוֹצֶה in the first blank, and the needed future forms in the second:

1. אֲנִי ___רָצִיתִי___ לִכְתֹּב אֶתְמוֹל, אֲבָל ___אֶכְתֹּב___ מָחָר.
2. הוּא __________ לִרְקֹד עִם רוּתִי, אֲבָל הוּא __________ עִם רִנָּה.
3. אַתְּ __________ לִלְמֹד הָעֶרֶב, וְאַתְּ בֶּאֱמֶת __________ בְּ-8.
4. הֵם __________ לִשְׁלֹחַ לָךְ גְלוּיָה, וַאֲנִי חוֹשֵׁב שֶׁהֵם __________ אוֹתָהּ הַשָּׁבוּעַ.
5. אַתֶּם __________ לִלְבֹּשׁ מַשֶּׁהוּ חָדָשׁ לַמְּסִבָּה. מַה __________?
6. אַתָּה __________ לִגְמֹר אֶת הַסֵּפֶר הַשָּׁנָה. אַתָּה חוֹשֵׁב שֶׁ__________ אוֹתוֹ הַקַּיִץ?
7. הִיא __________ לִבְדֹּק אֶת הַבְּחִינוֹת הַשָּׁבוּעַ. מָתַי בְּדִיּוּק הִיא __________ אוֹתָן?
8. אֲנַחְנוּ __________ לִגְמֹר אֶת הַשִּׁעוּר בְּ-9, אֲבָל __________ אוֹתוֹ קְצָת יוֹתֵר מְאֻחָר.

D. Make up the 6 most logical sentences, using all of the following:

אִי אֶפְשָׁר	לִלְבֹּשׁ מְעִיל בַּחֹרֶף
נָעִים	לָלֶכֶת לַיָּם בַּגֶּשֶׁם
לֹא נָעִים	לִנְסֹעַ מֵאַרְהָ"ב לְיִשְׂרָאֵל בְּמוֹנִית
לֹא קָשֶׁה	לוֹמַר "אֲנִי יֵשׁ לִי"
צָרִיךְ	לָלֶכֶת לִמְסִבָּה בְּיוֹם שִׁשִּׁי בָּעֶרֶב
לֹא נָכוֹן	לִקְרֹא סֵפֶר אָרֹךְ בְּאַנְגְּלִית

1. ______________________________
2. ______________________________
3. ______________________________
4. ______________________________
5. ______________________________
6. ______________________________

E. Complete the sentences with the proper forms of אֶת:

1. הִיא כּוֹתֶבֶת לִי הַרְבֵּה, כִּי הִיא אוֹהֶבֶת __________.
2. אֵיפֹה הֱיִיתֶם? לֹא רָאִינוּ __________ כָּל הַשָּׁבוּעַ!
3. אֲנִי יוֹדַעַת שֶׁאַתְּ עֲסוּקָה מְאֹד; רָאִיתִי__________ רָצָה מִמָּקוֹם לְמָקוֹם.
4. הַסֵּפֶר מְצֻיָּן. קָרָאתִי __________ בַּשָּׁנָה שֶׁעָבְרָה.
5. הֵם לֹא חֲבֵרִים שֶׁלָּנוּ: הֵם לֹא אוֹהֲבִים __________, וַאֲנַחְנוּ לֹא אוֹהֲבִים __________.
6. הַדִּירָה נְעִימָה מְאֹד. קָנִינוּ __________ לִפְנֵי שָׁנָה, וַאֲנַחְנוּ שְׂמֵחִים.

F. Select the proper noun from the margin and conjugate the verb accordingly:

1. הַ__________ כּוֹאֵב__ לִי; אֵינֶנִּי יָכוֹל לִרְאוֹת.	גָּרוֹן
2. לָמָּה הָרַעַשׁ הַזֶּה? הַ__________ כְּבָר כּוֹאֵב__ לָנוּ!	עֵינַיִם
3. אִם הַ__________ כּוֹאֵב__ לָךְ, קַח שְׁנֵי כַּדּוּרִים שֶׁל אַסְפִּירִין.	בֶּטֶן
4. קָשֶׁה לָהּ לְדַבֵּר; הַ__________ כּוֹאֵב__ לָהּ.	רֹאשׁ
5. הוּא אוֹכֵל כָּל הַיּוֹם בְּלִי הַפְסָקָה. הַ__________ לֹא כּוֹאֵב__ לוֹ?	אָזְנַיִם

G. Write the opposite of these impersonal statements:

1. אֶפְשָׁר לִנְסֹעַ מִקָּנָדָה לְיִשְׂרָאֵל בְּרַכֶּבֶת. ______________________________
2. קָשֶׁה לִלְמֹד בַּצָּהֳרַיִם. ______________________________
3. נָעִים לָבוֹא לַשִּׁעוּר מְאֻחָר. ______________________________
4. בָּרִיא לֶאֱכֹל הַרְבֵּה בָּשָׂר. ______________________________
5. צָרִיךְ לְטַיֵּל בַּצָּפוֹן בַּחֹרֶף בְּלִי מְעִיל. ______________________________

OBLIGATORY PREPOSITIONS

Note the prepositions required with the following verbs

חוֹלֵם	עַל	אֲנִי חוֹלֵם עַל הַיָּמִים הַיָּפִים בַּקַּיִץ שֶׁעָבַר.
חוֹשֵׁב	עַל	הוּא חוֹשֵׁב עַל הָעֲבוֹדָה שֶׁלּוֹ.
מְדַבֵּר	עַל	הוּא מְדַבֵּר עַל פּוֹלִיטִיקָה.
כּוֹעֵס	עַל	אֲנִי לֹא כּוֹעֵס עָלָיו. אֲנִי רַק מִצְטַעֵר שֶׁהוּא לֹא טִלְפֵּן אֵלַי בַּזְּמַן.
שׁוֹמֵר	עַל	אֲנַחְנוּ צְרִיכִים לִשְׁמֹר עַל הַסְּפָרִים.
פּוֹחֵד	מִ-	הִיא פּוֹחֶדֶת מִכְּלָבִים, וְהוּא פּוֹחֵד מִנָּשִׁים.
מְדַבֵּר	אֶל	דִּבַּרְתִּי אֵלָיו, אֲבָל הוּא לֹא שָׁמַע אֲפִלּוּ מִלָּה אַחַת...
מְטַלְפֵּן	אֶל	נִסִּיתִי לְטַלְפֵּן אֵלֶיהָ כָּל הַבֹּקֶר, אֲבָל לֹא הָיְתָה תְּשׁוּבָה.
אוֹמֵר	לְ-	הַמּוֹרָה אָמְרָה לַתַּלְמִידִים שֶׁהַבְּחִינָה תִּהְיֶה קָשָׁה.
קוֹרֵא	לְ-	אִמִּי קָרְאָה לִי וְאָמְרָה לִי לָלֶכֶת לַחֲנוּת וְלִקְנוֹת לֶחֶם וְחָלָב.
מְחַכֶּה	לְ-	לָמָּה אֵינְךָ בָּא בַּזְּמַן? תָּמִיד אֲנִי צָרִיךְ לְחַכּוֹת לְךָ!
מְבַקֵּר	אֵצֶל (+ אָדָם)	הֵם מְבַקְּרִים אֵצֶל סַבְתָּא/הָרוֹפֵא/הַמִּשְׁפָּחָה/אוּרִי.
	בְּ- (+ מָקוֹם)	הֵם מְבַקְּרִים בַּמּוּזֵאוֹן/בְּיִשְׂרָאֵל/בַּבַּיִת שֶׁל רִנָּה.
הוֹלֵךְ/בָּא/נוֹסֵעַ	אֶל (+ אָדָם)	הוּא נוֹסֵעַ אֶל רוּת/הוֹרָיו/הַחֲבֵרִים שֶׁלּוֹ/הַמּוֹרֶה.
	לְ- (+ מָקוֹם)	הוּא בָּא לִירוּשָׁלַיִם/לָאוּנִיבֶרְסִיטָה/לַמִּסְעָדָה.

A. Write sentences, and include in each sentence at least one verb with its obligatory preposition:

1. חוֹלֵם ____

____

2. כּוֹעֵס ____

____

3. פּוֹחֵד ____

____

4. מְבַקֵּר ____

____

5. מְחַכֶּה ____

____

B. Fill in with the needed prepositions -- לְ-, עַל, אֶל, אֶת -- (with pronoun endings, when necessary):

1. לֹא רָאִיתִי ________ כְּבָר שָׁבוּעַ, וְהוּא גַּם לֹא טִלְפֵּן ________. אֲנִי חוֹשֵׁב שֶׁהוּא כּוֹעֵס ________...

2. הַמֶּלֶךְ קָרָא ________ חֲכָמִים וְהֵם בָּאוּ ________ לִשְׁמֹעַ מַה הוּא חָלַם.

3. דָּוִד, אַתָּה בְּלוֹנְדִּינִי, נָכוֹן? חָלַמְתִּי ________ הַלַּיְלָה: בַּחֲלוֹמִי, הָיָה ________ שֵׂעָר יָרֹק...

4. הֵם כּוֹעֲסִים ________, כִּי הִיא לֹא חוֹשֶׁבֶת ________ וְלֹא כּוֹתֶבֶת ________.

C. Write in the future:

1. אֵינֶנִּי זוֹכֵר מַה לָמַדְנוּ בַּשָּׁבוּעַ שֶׁעָבַר. _____

2. אֵינֶנּוּ פּוֹתְחִים אֶת הַחַלּוֹנוֹת בְּיוֹם קַר. _____

3. אֵינֵךְ לוֹמֶדֶת לַבְּחִינָה בְּמָתֵמָטִיקָה? _____

4. הוּא אֵינוֹ שׁוֹכֵחַ אֲנָשִׁים מְעַנְיְנִים. _____

5. הִיא אֵינָהּ כּוֹתֶבֶת לַהוֹרִים עַל הָעֲבוֹדָה שֶׁלָּהּ. _____

6. אֵינְכֶם רוֹקְדִים "הוֹרָה" בַּמְּסִבָּה. _____

7. אֵינְךָ פּוֹחֵד לִנְהֹג בַּמְּכוֹנִית הַיְשָׁנָה הַזֹּאת? _____

8. הֵם אֵינָם מוֹצְאִים אֶת הַמִּלִּים הַחֲדָשׁוֹת בַּמִּלּוֹן. _____

D. Write in the present tense, using forms of אֵין with pronoun endings:

1. לֹא דִּבַּרְנוּ עָלֶיךָ בַּשִּׁעוּר. _אֵינֶנוּ מְדַבְּרִים עָלֶיךָ בַּשִּׁעוּר_

2. הוּא לֹא יִשְׁמֹר עַל הַמְּכוֹנִית שֶׁלָּךְ. _____

3. אֲנִי לֹא אֶחֱלֹם עֲלֵיהֶם הַלַּיְלָה. _____

4. הֵם לֹא שָׁכְחוּ דְּבָרִים חֲשׁוּבִים. _____

5. לֹא מְצָאתֶם אֶת הַכְּתֹבֶת בְּסֵפֶר הַטֶּלֶפוֹן. _____

6. לֹא סָגַרְתְּ אֶת הַחַלּוֹנוֹת בַּגֶּשֶׁם. _____

7. לָמָה לֹא קְרָאתֶם אֶת הָאַגָּדָה? _____

8. לֹא רָאִית אֶת הָאֲרָיוֹת מֵעַל לַשַּׁעַר. _____

E. Complete the sentences, using all the verbs in the margin:

1. אִם לֹא ~~תִּרְקְדִי~~ אִתִּי בַּמְּסִבָּה, לֹא אֶכְתֹּב לְךָ מִכְתָּב אַהֲבָה.	כעס
2. אִם הוּא לֹא ________ עַל הָעִיר, אֱלֹהִים יִכְעַס עָלָיו.	שכח
3. אִם ________ הַכֹּל בַּזְּמַן, לֹא תִּפְחַד מִבְּחִינוֹת.	קרא
4. אִם אֲנַחְנוּ ________ אֶת הָעֲבוֹדָה בַּבֹּקֶר, הִיא תִּבְדֹּק אוֹתָהּ הַיּוֹם.	~~רקד~~
5. אִם הֵם ________ אֶת הַכְּתֹבֶת, הֵם לֹא יִהְיוּ בַּמְּסִבָּה.	שמר
6. אִם ________ אֶת הָאַגָּדָה, אֶזְכֹּר מָתַי בָּנוּ אֶת הַחוֹמָה.	גמר
7. אִם הַמּוֹרָה ________ עָלֶיהָ, הִיא תִּפְחַד לָבוֹא לַשִּׁעוּר.	למד
8. אִם הִיא ________ לָנוּ, נִשְׁאַל אוֹתָהּ מַה הִיא רוֹצָה.	

F. Complete the sentences, using forms of עַל:

1. אַתֶּם כּוֹעֲסִים ________, כִּי הֵם לֹא בָּאוּ בַּזְּמַן.
2. אַתֶּם הַהוֹרִים שֶׁל רִנָּה, נָכוֹן? הִיא סִפְּרָה לָנוּ הַרְבֵּה ________.
3. הַבַּת שֶׁלָּהֶם לֹא לְבַד בַּבַּיִת: הַבֵּן הַגָּדוֹל שֶׁלָּהֶם שׁוֹמֵר ________.
4. לָמָה אֵינְךָ מְדַבֵּר אֵלַי? אַתָּה כּוֹעֵס ________?
5. אֲנִי יוֹדֵעַ מִי אַתְּ. אָחִי כָּתַב לִי ________.

G. Fill in with the needed prepositions -- אֵצֶל, לְ-, שֶׁל, עַל-יַד, אֶת -- (with pronoun endings, when necessary):

1. אַתָּה לֹא זוֹכֵר ________? גַּרְתִּי ________ בִּרְחוֹב לִינְקוֹלְן!
2. הַבַּיִת הֶחָדָשׁ שֶׁלָּכֶם יָפֶה? אֲנַחְנוּ צְרִיכִים בֶּאֱמֶת לְבַקֵּר ________ וְלִרְאוֹת ________.
3. הֵם אוֹמְרִים שֶׁהֵם חֲבֵרִים טוֹבִים ________. אַתָּה לֹא זוֹכֵר ________?!
4. הִיא תַּלְמִידָה מְצֻיֶּנֶת. יֵשׁ ________ הַרְבֵּה חֲבֵרִים שֶׁאוֹהֲבִים לָשֶׁבֶת ________ בִּבְחִינוֹת...

A. First make a definite construct (סְמִיכוּת) and then an indifinite one:

	Definite	Indefinite
הַשַּׁעַר שֶׁל הַחוֹמָה	שַׁעַר הַחוֹמָה	שַׁעַר חוֹמָה
הַסֵּפֶר שֶׁל הַלִּמּוּד	____	____
הַבִּנְיָן שֶׁל הַקוֹלְנוֹעַ	____	____
הַהַצָּגָה שֶׁל הָעֶרֶב	____	____
הַשִּׂיחָה בַּטֶּלֶפוֹן	____	____
הַמִּשְׁפָּחָה שֶׁל הָעוֹלִים	____	____
הַכַּרְטִיסִים לַקוֹנְצֶרְט	____	____
הָעִתּוֹנִים מֵהַבֹּקֶר	____	____
הָרַגְלַיִם שֶׁל הַשֻּׁלְחָן	____	____
הַחֲבִילוֹת שֶׁל הַדֹּאַר	____	____
הַקֻּפּוֹת בַּתֵּאַטְרוֹן	____	____
הַקְּבוּצוֹת שֶׁל הַתַּלְמִידִים	____	____

הַסְּגוֹלִיִּים - זָכָר

יָחִיד	רַבִּים	רַבִּים בִּסְמִיכוּת
יֶלֶד	יְלָדִים	יַלְדֵי
שַׁעַר	שְׁעָרִים	שַׁעֲרֵי
חֶדֶר	חֲדָרִים	חַדְרֵי
בֶּגֶד	בְּגָדִים	בִּגְדֵי
סֵפֶר	סְפָרִים	סִפְרֵי

B. Use forms of מֻכְרָח as auxiliary verb:

דֻּגְמָה: אֲנִי לוֹבֶשֶׁת שִׂמְלָה חֲדָשָׁה לַמְּסִבָּה. ___אֲנִי מֻכְרָחָה לִלְבּוֹשׁ שִׂמְלָה חֲדָשָׁה___

1. הוּא עוֹשֶׂה תַּרְגִּילִים. ______________

2. אֲנִי לוֹקַחַת אֶת הַגְּלוּיוֹת לַדֹּאַר. ______________

3. אַתֶּם יוֹרְדִים פֹּה מֵהָרַכֶּבֶת. ______________

4. אַתְּ גָּרָה עִם הַהוֹרִים. ______________

5. הִיא אוֹמֶרֶת לָהֶם מַשֶּׁהוּ בְּרוּסִית. ______________

6. אַתֶּם שׁוֹכְבִים לִישֹׁן מֻקְדָּם הָעֶרֶב. ______________

7. אַתָּה שׁוֹלֵחַ לָנוּ אִגְּרוֹת אֲוִיר מֵהַטִּיּוּל. ______________

8. הֵם שׁוֹתִים חָמֵשׁ כּוֹסוֹת מַיִם בְּיוֹם. ______________

C. Select from the margin פִּעֵל gerunds (nouns derived from verbs) to complete the sentences:

1. אֲנַחְנוּ צְרִיכִים לִכְתֹּב ___חִבּוּר___ בְּעִבְרִית. — בקר

2. הָאוֹרְחִים הָיוּ נֶחְמָדִים, וְהַ__________ הָיָה נָעִים. — סדר

3. בַּמּוּזֵאוֹן יֵשׁ הַרְבֵּה __________ שֶׁל צַיָּרִים גְּדוֹלִים. — ~~חבר~~

4. הָיִינוּ שָׁבוּעַ בַּדָּרוֹם, וְעָשִׂינוּ כַּמָּה __________ נֶחְמָדִים בָּרֶגֶל. — בקש

5. כְּבָר אֵין תַּקְלִיטִים שֶׁלָּהּ בַּחֲנוּיוֹת: הַ__________ הָיָה כָּל-כָּךְ גָּדוֹל! — ציר

6. יֵשׁ לָהֶם __________ מְצֻיָּן: הֵם הוֹלְכִים לְקוֹלְנוֹעַ, וְסַבְתָּא שׁוֹמֶרֶת עַל הַיְלָדִים. — טיל

D. Change from past to future, both verb and time reference:

דֻּגְמָה: לִפְנֵי שָׁנָה הוּא הָלַךְ לְאֻלְפָּן. בְּעוֹד שָׁנָה הוּא יֵלֵךְ לְאֻלְפָּן

1. לִפְנֵי שָׁבוּעַ הִיא יָשְׁבָה עַל יָדִי. ______________

2. לִפְנֵי שְׁעָתַיִם יָרַדְנוּ מֵהַמָּטוֹס. ______________

3. לִפְנֵי חֹדֶשׁ יְדַעְתֶּם אֶת הַסִּפּוּר. ______________

4. לִפְנֵי יוֹמַיִם הָלַכְתְּ לִמְסִבָּה. ______________

5. לִפְנֵי שָׁעָה הֵם יָשְׁבוּ בַּקָּפֶטֶרְיָה. ______________

6. לִפְנֵי שְׁבוּעַיִם יָדַעְתָּ אֶת הַכְּתֹבֶת שֶׁלִּי. ______________

7. לִפְנֵי חֳדָשַׁיִם יָרַדְתִּי מִיִּשְׂרָאֵל. ______________

E. Change from past to future, both verb and time reference:

דֻּגְמָה: בַּשָּׁנָה שֶׁעָבְרָה גַּרְנוּ בְּשִׁיקָגוֹ. בַּשָּׁנָה הַבָּאָה נָגוּר בְּשִׁיקָגוֹ

1. בַּשָּׁבוּעַ שֶׁעָבַר קַמְתְּ מְאֻחָר. ______________

2. בַּשַּׁבָּת שֶׁעָבְרָה נַחְתֶּם כָּל הַיּוֹם. ______________

3. בַּחֹדֶשׁ שֶׁעָבַר רַצְתָּ שְׁנֵי קִילוֹמֶטְרִים בְּיוֹם. ______________

4. בַּשָּׁבוּעַ שֶׁעָבַר הֵם בָּאוּ אֵלֵינוּ לְבִקּוּר. ______________

5. בַּקַּיִץ שֶׁעָבַר הִיא נָחָה מִלִּמּוּדִים. ______________

6. אֶתְמוֹל קַמְתִּי בְּשֶׁבַע. ______________

7. בֶּעָבָר הוּא גָּר לְבַד. ______________

F. Make the best possible 8 sentences, using all the words in the columns below (remember, some of the words in the first column may not be followed by phrases from the second column!!!)

כְּדַאי	לַאֲמֶרִקָנִים	לִשְׁתּוֹת בִּירָה	בְּיוֹם אֶחָד
אֶפְשָׁר	לְעוֹלִים חֲדָשִׁים	לִנְסֹעַ מִנְיוּ-יוֹרְק לְבּוֹסְטוֹן	בְּעִבְרִית
מֻתָּר	לִילָדִים קְטַנִּים	לוֹמַר "ח" וְ-"כ"	בְּמִסְעָדָה
צָרִיךְ	לְתַלְמִידִים	לִלְמֹד עִבְרִית	בַּקֻּפָּה
אָסוּר	לִצְעִירִים	לְקַבֵּל 50	אַחֲרֵי 9 בָּעֶרֶב
לֹא נָעִים		לִבְנוֹת עִיר	בְּ-5 שָׁעוֹת
קָשֶׁה		לִרְאוֹת טֶלֶוִיזְיָה	בְּאֻלְפָּן
אִי אֶפְשָׁר		לִקְנוֹת כַּרְטִיסִים	בִּבְחִינָה

1. ______________________________

2. ______________________________

3. ______________________________

4. ______________________________

5. ______________________________

6. ______________________________

7. ______________________________

8. ______________________________

G. Fill in with the required prepositions:

1. הוּא טִלְפֵּן _____ רוּת וְסִפֵּר לָהּ _____ הַבְּעָיוֹת שֶׁלּוֹ.

2. הַמּוֹרָה כָּעֲסָה _____ גֶ'סִיקָה, כִּי הִיא דִּבְּרָה _____ בְּרָד כָּל הַשִּׁעוּר.

3. אֲנִי לֹא פּוֹחֵד _____ הַסַּלְטָן; אֲנִי כּוֹעֵס _____ הַסֻּלְטָן.

4. אֲנַחְנוּ הוֹלְכִים _____ יוֹסִי וְרִנָּה כָּל שַׁבָּת, כִּי אֲנַחְנוּ אוֹהֲבִים לְבַקֵּר _____ חֲבֵרִים טוֹבִים.

5. הֵם נָסְעוּ _____ קָלִיפוֹרְנְיָה וּבִקְּרוּ _____ "דִּזְנִי לַנְד".

6. - _____ מִי שָׁלַחְתָּ אֶת הַחֲבִילָה הַגְּדוֹלָה?

- שָׁלַחְתִּי אוֹתָהּ _____ סַבְתָּא _____ פְלוֹרִידָה.

H. Change into plural:

1. יֶלֶד קָטָן אוֹהֵב לָלֶכֶת לְגַן-יְלָדִים בְּיוֹם הוּלֶּדֶת שֶׁל חָבֵר שֶׁלּוֹ.

____

2. אִשָּׁה רְעֵבָה צְרִיכָה לֶאֱכֹל אֲרוּחַת עֶרֶב גְּדוֹלָה.

____

3. תַּלְמִיד רְצִינִי לוֹמֵד גַּם בְּסוֹף שָׁבוּעַ.

____

I. Make the sentences in part H above definite:

1. ______________________________

2. ______________________________

3. ______________________________

A. Write in the past tense:

1. הוּא קוֹנֶה כַּרְטִיסִים לַהַצָּגָה. ________

2. אֲנִי רוֹצָה לָשֶׁבֶת בֶּחָצֵר. ________

3. אֲנַחְנוּ בּוֹנִים קִירוֹת עָבִים. ________

4. בְּדֶרֶךְ כְּלָל אַתָּה שׁוֹתֶה חָלָב? ________

5. הִיא פּוֹנָה יָמִינָה בַּמִּדְרְחוֹב. ________

6. הֵם חוֹצִים אֶת הַכְּבִישׁ. ________

7. אַתְּ עוֹלָה לְיִשְׂרָאֵל הַשָּׁנָה. ________

8. אַתֶּם רוֹאִים סְרָטִים יְשָׁנִים. ________

B. Write Section A above in the future:

1. ________

2. ________

3. ________

4. ________

5. ________

6. ________

7. ________

8. ________

C. Combine into one sentence, expressing a wish:

"א" רוֹצֶה ("א" עוֹשֶׂה) ← "א" רוֹצֶה + שֵׁם פֹּעַל
"א" רוֹצֶה ("ב" עוֹשֶׂה) ← "א" רוֹצֶה + שֶׁ"ב" עָתִיד

דֻּגְמוֹת:

א. אֲנִי מְקַוֶּה (הַמּוֹרֶה גּוֹמֵר אֶת הַשִּׁעוּר בַּזְּמַן) — אֲנִי מְקַוֶּה שֶׁהַמּוֹרֶה יִגְמֹר אֶת הַשִּׁעוּר בַּזְּמַן

ב. אֲנִי מְקַוֶּה (אֲנִי רוֹפֵא) — אֲנִי מְקַוֶּה לִהְיוֹת רוֹפֵא

1. אֲנִי רוֹצֶה (הַמִּשְׁפָּחָה גָּרָה בְּמֶרְכַּז הָעִיר) ______________
2. אֲנִי מְבַקֵּשׁ (אַתָּה בָּא אֵלַי בְּשַׁבָּת) ______________
3. אֲנִי רוֹצָה (הוֹרַי קוֹנִים לִי מְכוֹנִית חֲדָשָׁה) ______________
4. אֲנִי רוֹצֶה (אֲנִי מְקַבֵּל מִכְתָּב הַיּוֹם) ______________
5. הוּא מְבַקֵּשׁ (אֲנִי יוֹשֶׁבֶת עַל יָדוֹ) ______________
6. הוּא רוֹצֶה (הִיא שׁוֹאֶלֶת מַה שְּׁלוֹמִי) ______________
7. הוּא רוֹצֶה (הוּא אוֹמֵר לָהּ מַשֶּׁהוּ) ______________
8. הוּא רוֹצֶה (יֵשׁ מַסְפִּיק יַיִן לְכֻלָּם בַּמְּסִבָּה) ______________
9. אֲנַחְנוּ מְקַוִּים (הַמֶּלֶךְ קוֹרֵא לַחֲכָמִים) ______________
10. אֲנַחְנוּ מְבַקְשִׁים (אַתָּה קוֹנֶה לָנוּ כַּרְטִיסִים) ______________
11. אֲנַחְנוּ רוֹצִים (אֲנַחְנוּ עוֹבְדִים זֶה עַל-יַד זֶה) ______________
12. אֲנַחְנוּ מְבַקְשִׁים (אַתָּה לֹא מְדַבֵּר יוֹתֵר מִדַּי מַהֵר) ______________
13. הֵן רוֹצוֹת (הֵן מְטַיְּלוֹת בַּמִּדְרָחוֹב) ______________
14. הֵן מְקַוּוֹת (אַתֶּם בָּאִים בִּמְכוֹנִית) ______________
15. הֵן מְבַקְשׁוֹת (אֲנַחְנוּ יוֹשְׁבִים בְּשֶׁקֶט) ______________
16. הֵן רוֹצוֹת (הֵם רוֹכְבִים עַל חֲמוֹר) ______________

D. <u>Select</u> the appropriate pairs of verbs and conjugate them as needed (in either פָּעַל or פִּעֵל) to make future conditionals:

1. אִם ___תֵּשְׁבִי___ עַל יָדִי, אֲנִי ___אֲסַפֵּר___ לָךְ סִפּוּר מְעַנְיֵן. (כתב, קבל)

2. אִם הוּא ________ לְבַקֵּר אֶצְלֵנוּ, אֲנַחְנוּ ________ שֶׁהוּא יְבַקֵּר גַּם אֶצְלְכֶם. (ראה, קנה)

3. אִם הִיא ________ לָךְ הַיּוֹם, אַתָּה ________ אֶת הַמִּכְתָּב בְּעוֹד יוֹמַיִם. (בוא, בקש)

4. אִם ________ לָךְ זְמַן, ________ אִתִּי הַקַּיִץ בַּצָּפוֹן? ~~(ישב, ספר)~~

5. אִם הֵם ________ צִיּוּר יָפֶה בַּגָּלֶרְיָה, הֵם ________ אוֹתוֹ. (היה, טיל)

E. Change from direct to indirect speech:

דֻּגְמָה: דָּוִד אוֹמֵר לְרוּת: "חַם הַיּוֹם." — דָּוִד אוֹמֵר לְרוּת שֶׁחַם הַיּוֹם.

1. דָּוִד אוֹמֵר לְרוּת: "הָרְחוֹב צַר מְאֹד."

____

2. רוּת אוֹמֶרֶת לְדָוִד: "זֹאת שְׁכוּנָה יְשָׁנָה."

____

3. דָּוִד אוֹמֵר לְרוּת: "אֲנִי אוֹהֵב שְׁכוּנוֹת יְשָׁנוֹת בִּירוּשָׁלַיִם."

____

4. רוּת שׁוֹאֶלֶת אֶת דָּוִד: "אַתָּה אוֹהֵב גַּם דִּירוֹת יְשָׁנוֹת?"

____

5. דָּוִד שׁוֹאֵל אֶת רוּת: "לָמָּה אַתְּ שׁוֹאֶלֶת?"

____

6. רוּת עוֹנָה לְדָוִד: "יֵשׁ לִי דִּירָה יְשָׁנָה אֲבָל צִיּוּרִית בָּעִיר."

____

7. דָּוִד שׁוֹאֵל אֶת רוּת: "אֶפְשָׁר לָבוֹא אֵלַיִךְ וְלִרְאוֹת אֶת הַדִּירָה?"

____

8. רוּת עוֹנָה לְדָוִד: "אִם תָּבוֹא אֵלַי מָחָר, יִהְיֶה לְךָ גַּם מַשֶּׁהוּ טוֹב לֶאֱכֹל אֶצְלִי."

____

F. The lines are streets. Answer the questions:

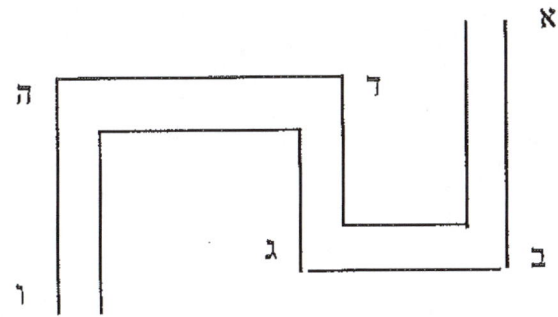

1. אֵיךְ הוֹלְכִים מִ"ד" לְ"ו"? ______________________________
2. אֵיךְ הוֹלְכִים מֵ"ה" לְ"ג"? ______________________________
3. אֵיךְ הוֹלְכִים מִ"ג" לְ"א"? ______________________________
4. אֵיךְ הוֹלְכִים מֵ"א" לְ"ד"? ______________________________

G. Write in the singular:

1. אֵלֶּה נָשִׁים יָפוֹת. ____________________
2. אֵלֶּה אֲרוֹנוֹת קִיר. ____________________
3. אֵלֶּה בֵּיצִים קָשׁוֹת. ____________________
4. מִי הָאֲחָיוֹת שֶׁלּוֹ? ____________________
5. אֵיפֹה בְּנוֹת הַקִּבּוּץ? ____________________
6. הָאֲרָיוֹת רְעֵבִים. ____________________
7. בָּתֵּי הַכְּנֶסֶת מְלֵאִים הַיּוֹם. ____________________

H. Write questions to these answers:

1. הָעִתּוֹן עוֹלֶה **3 שְׁקָלִים**. ____________________
2. הוּא בֶּן **תְּשַׁע עֶשְׂרֵה**. ____________________
3. הִיא בָּאָה **מִבֵּית הוֹרֶיהָ**. ____________________
4. הוּא רוֹכֵב **לַיָּם** עַל חֲמוֹר. ____________________
5. הוּא חַי **לִפְנֵי אֶלֶף שָׁנָה**. ____________________

A. Select verbs from the parentheses below and conjugate in the future to complete the following sentences:

(לְבַלּוֹת, לְחַכּוֹת, לְנַסּוֹת, לְקַוּוֹת, לְשַׁנּוֹת)

1. לֹא שִׁנִּיתִי אֶת שְׁמִי בֶּעָבָר, וְגַם בֶּעָתִיד לֹא _____ אוֹתוֹ.

2. אִם תָּבוֹא לְבַקֵּר אֶצְלֵנוּ בַּחֹפֶשׁ, _____ יָפֶה עִם כָּל הַחֲבֵרִים שֶׁלָּנוּ.

3. אַתְּ מֻכְרָחָה לְהַמְשִׁיךְ וּלְקַוּוֹת. יִהְיֶה רַע מְאֹד אִם לֹא _____ לְטוֹב!

4. הֵם יָבוֹאוּ בְּמָטוֹס? מִי _____ לָהֶם בִּשְׂדֵה הַתְּעוּפָה?

5. מָחָר הִיא _____ אֶת הַמִּשְׂחָק הֶחָדָשׁ, וְאָז הִיא תְּסַפֵּר לָנוּ אִם כְּדַאי לָנוּ לִקְנוֹת אוֹתוֹ.

6. הִיא מְקַוָּה שֶׁאֲנִי וְאַתָּה _____ אֶת הָעוֹלָם...

7. אַתֶּם נוֹסְעִים לְטִיּוּל בְּאֵרוֹפָּה? אֲנַחְנוּ מְקַוִּים שֶׁ_____ שָׁם יָפֶה.

8. אֵינֶנִּי פּוֹחֵד לְהַגִּיעַ לְשָׁם לְבַד. אֲנִי יוֹדֵעַ שֶׁהוֹרַי _____ לִי בַּתַּחֲנָה.

B. Write in indirect speech, using "אוֹמֵר, שׁוֹאֵל, עוֹנֶה" as needed:

רוֹן: מָתַי אַתֶּם מַגִּיעִים לְשִׁיקָגוֹ?

_____

אַבָּא: בְּיוֹם שִׁשִּׁי בְּ-8.

_____

רוֹן: תָּטוּסוּ יָשָׁר מִבּוֹסְטוֹן?

_____

אַבָּא: נָבוֹא בְּטִיסָה יְשִׁירָה.

_____

רוֹן: אֶהְיֶה בִּשְׂדֵה הַתְּעוּפָה לְקַבֵּל אֶתְכֶם.

_____

C. Use forms of מֻכְרָח as auxiliary verbs in each of these sentences:

1. אֲנִי גוֹמֵר לִקְרֹא אֶת הַסִּפּוּר הַשָּׁבוּעַ. ______________
2. אֲנִי אוֹכֶלֶת מַשֶּׁהוּ בַּבֹּקֶר. ______________
3. אֲנַחְנוּ עוֹבְדִים הַחֹפֶשׁ. ______________
4. הֵן נוֹסְעוֹת בָּרְחוֹבוֹת הַצָּרִים הָאֵלֶּה? ______________
5. הוּא בָּא לְבֵית הַכְּנֶסֶת בְּשַׁבָּת. ______________
6. הֵם קָמִים מֻקְדָּם לָעֲבוֹדָה. ______________
7. אַתְּ קוֹנָה מַתָּנָה לַיְלָדִים. ______________
8. אַתָּה אוֹמֵר שָׁלוֹם וְיוֹרֵד בַּתַּחֲנָה הַבָּאָה. ______________
9. אֲנַחְנוּ מְשַׁלְּמִים בַּקֻּפָּה. ______________
10. הִיא מְחַכָּה לָנוּ בְּבֵית הַמְּלָאכָה. ______________
11. הַשִּׁעוּר מַתְחִיל בַּזְּמַן. ______________
12. הִיא שׁוֹכֶבֶת בַּמִּטָּה וְלוֹקַחַת כַּדּוּרִים. ______________

D. Write in the past tense:

1. תִּקְנוּ גְּבִינוֹת לַמְּסִבָּה מָחָר? ______________
2. בְּעוֹד חֹדֶשׁ הֵם יָגוּרוּ בַּמֶּרְכָּז. ______________
3. הִיא תְּחַכֶּה לָכֶם בִּשְׂדֵה הַתְּעוּפָה. ______________
4. בַּשָּׁבוּעַ הַבָּא הוּא יְקַבֵּל גְּלוּיָה מִדָּוִד. ______________
5. בֶּעָתִיד תַּחַזְרִי הַבַּיְתָה בַּזְּמַן. ______________
6. מָתַי נֵלֵךְ לְהַצָּגָה טוֹבָה? ______________

E. Write in the future:

1. הִיא סָגְרָה אֶת דֶּלֶת הַמּוֹנִית. ________________________

2. שָׁלַחְתָּ אֶת הַחֲבִילָה בְּדֹאַר אֲוִיר? ________________________

3. הוּא יָשַׁב בְּשׁוּרָה חָמֵשׁ בָּאֶמְצַע. ________________________

4. בָּאנוּ בְּטִיסָה יְשִׁירָה מֵאֵרוֹפָּה. ________________________

5. בָּנוּ אֶת הַבָּתִים מֵאֶבֶן יְרוּשַׁלְמִית. ________________________

6. הִיא בִּזְבְּזָה אֶת כָּל הַכֶּסֶף בְּשָׁבוּעַ. ________________________

7. לְמִי חִכִּית אַחֲרֵי הַשִּׁעוּר? ________________________

F. Use the proper form of the direct-object particle אֶת:

1. הָיִית בַּמְּסִבָּה? לֹא רָאִינוּ __________.

2. הוּא לֹא בָּא לְבַקֵּר אֶצְלִי הַיּוֹם. אוּלַי הוּא עָסוּק, אוֹ אוּלַי הוּא כְּבָר לֹא אוֹהֵב __________...

3. אֲנַחְנוּ שׁוֹאֲלִים __________ שְׁאֵלוֹת, כִּי אַתֶּם יוֹדְעִים אֶת כָּל הַתְּשׁוּבוֹת.

4. הַסֵּפֶר יָקָר מְאֹד, אֲבָל הִיא קָנְתָה לִי __________ לְיוֹם הַהוּלֶדֶת.

5. אֲנַחְנוּ יָפִים בַּצִּיּוּר: חָבֵר טוֹב צִיֵּר __________.

6. אִם אַתָּה חוֹלֶה, הָרוֹפֵא צָרִיךְ לִבְדֹּק __________.

7. הֵם שָׁנוּ אֶת הַכְּתֹבֶת לִפְנֵי שְׁנָתַיִם, וּמֵאָז לֹא רָאִיתִי __________.

G. Select the appropriate verbs from the margin to complete the following imperatives (צִוּוּי):

1. קָשֶׁה לִי לִשְׁמֹעַ אוֹתְךָ. __________ לַחֶדֶר וְ__________ בְּקוֹל. (ישב, חכה)

2. אַתְּ רוֹצָה שֶׁאֶעֱשֶׂה לָךְ עֻגָּה? __________ לַחֲנוּת, וּ__________ סֻכָּר. (קום, ישב)

3. אַתֶּם יוֹשְׁבִים בַּמְּקוֹמוֹת שֶׁלָּנוּ. __________ בְּבַקָּשָׁה וּ__________ בִּמְקוֹמוֹת אֲחֵרִים. (בוא, דבר)

4. אֵין לִי זְמַן לְדַבֵּר אִתְּךָ עַכְשָׁו. __________ אֵלַי בָּעֶרֶב, וְ__________ לִי אֶת הָעִנְיָן. (הלך, קנה)

5. הָרוֹפֵא יִבְדֹּק אֶתְכֶם בְּקָרוֹב. __________ פֹּה וְ__________ 5–10 דַּקּוֹת. (בוא, ספר)

H. Write in the past and in relation to the first time reference:

1. (יָנוּאָר 1998). הַשָּׁנָה אֲנִי מְדַבֵּר שָׁלֹשׁ שָׂפוֹת.

(יָנוּאָר 1996). ______________________________ רַק שְׁתַּיִם.

2. (5 בְּיוּלִי 1998). הַיּוֹם אֲנַחְנוּ מְטַיְּלִים בַּצָּפוֹן.

(3 בְּיוּלִי 1998). ______________________________ בַּדָּרוֹם.

3. (1 בְּאוֹגוּסְט 1998). הַחֹדֶשׁ הֵם קוֹנִים כַּרְטִיסֵי טִיסָה חֲזָרָה לָאוּנִיבֶרְסִיטָה.

(1 בְּיוּנִי 1998). ______________________________ כַּרְטִיסֵי טִיסָה הַבַּיְתָה.

4. (15 בְּפֶבְּרוּאָר 1998). הַשָּׁבוּעַ אַתֶּם בּוֹדְקִים בְּחִינוֹת שֶׁל תַּלְמִידִים.

(1 בְּפֶבְּרוּאָר 1998). ______________________________ חוֹלִים בַּמִּרְפָּאָה.

5. (10:00). עַכְשָׁו אֲנִי גּוֹמֶרֶת אֶת הַשִּׁעוּר הַשֵּׁנִי שֶׁלִּי.

(8:00). ______________________________ לֶאֱכֹל אֶת אֲרוּחַת הַבֹּקֶר.

J. Write in the present tense,using forms of אֵין:

1. לֹא אֲקַבֵּל אוֹתָם בִּשְׂדֵה הַתְּעוּפָה. ______________________________

2. לָמָּה לֹא שִׁלַּמְתְּ שְׂכַר לִמּוּד? ______________________________

3. הִיא לֹא בִּלְּתָה בְּדִיסְקוֹטֶק. ______________________________

4. הַיּוֹם לֹא נְנַסֶּה מַשֶּׁהוּ חָדָשׁ. ______________________________

5. הֵם לֹא יְבַזְבְּזוּ אֶת זְמַנֵּנוּ. ______________________________

K. Write in singular:

1. מִשְׁפְּחוֹת הָעוֹלִים בָּאוֹת לְבִקּוּר. ______________________________

2. תַּלְמִידֵי הַכִּתָּה עָשׂוּ מְסִבּוֹת חֲנֻכָּה. ______________________________

3. בָּתֵּי הַסֵּפֶר יִהְיוּ שְׁקֵטִים בְּסוֹפֵי הַשָּׁבוּעַ. ______________________________

4. אֲרוּחוֹת הַבֹּקֶר הָיוּ מְצֻיָּנוֹת. ______________________________

5. בְּנוֹת הָעִיר רוֹקְדוֹת בַּחֲצֵרוֹת הַמֶּרְכָּזִיּוֹת. ______________________________

בְּאוּנִיבֶרְסִיטָאוֹת בְּאַרְהָ"ב, נוֹתְנִים צִיּוּנִים מֵ-A וְעַד F. בְּיִשְׂרָאֵל, הַצִּיּוּנִים הֵם מִ-100 וְעַד 0. מֵאָה הוּא צִיּוּן לֹא רָגִיל. קָשֶׁה מְאֹד לְקַבֵּל אוֹתוֹ. שִׁשִּׁים הוּא כְּבָר צִיּוּן רַע.

וְלַצִּיּוּנִים בְּיִשְׂרָאֵל יֵשׁ גַּם שֵׁמוֹת: 100 הוּא "מְצֻיָּן"; 90 הוּא "טוֹב מְאֹד"; 80 הוּא "טוֹב"; 70 הוּא "כִּמְעַט טוֹב"; וְ-60 הוּא "מַסְפִּיק". אֲבָל 60 אֵינֶנּוּ מַסְפִּיק בֶּאֱמֶת: הוּא צִיּוּן נָמוּךְ מְאֹד. 50 הוּא "נִכְשָׁל" (= לֹא מַצְלִיחַ).

א. עֲנֵה עַל הַשְּׁאֵלוֹת:

1. אֵיזֶה צִיּוּן בְּאַרְהָ"ב הוּא "מְצֻיָּן"? ______________
2. אֵיזֶה צִיּוּן בְּאַרְהָ"ב הוּא "נִכְשָׁל"? ______________
3. מַה יוֹתֵר טוֹב:
   א. שְׁנֵי צִיּוּנֵי "מַסְפִּיק" וּ"מְצֻיָּן" אֶחָד, אוֹ
   ב. שְׁלֹשָׁה צִיּוּנֵי "טוֹב"? ______________
4. לָמָּה? ______________

ב. הַשְׁלֵם בְּצִוּוּי בְּעֶזְרַת הַפְּעָלִים הַכְּתוּבִים לְמַטָּה:

1. דָּוִד, שָׁכַחְתִּי אֶת הַסֵּפֶר שֶׁלִּי בַּבַּיִת. __________ לִי בְּבַקָּשָׁה אֶת הַסֵּפֶר שֶׁלְּךָ לְרֶגַע.
2. קָשֶׁה לְךָ לַעֲמֹד? הִנֵּה, הַמָּקוֹם הַזֶּה פָּנוּי. __________ בְּבַקָּשָׁה.
3. מֶלְצָרִית: "אֲדוֹנִי, אֲנִי לֹא מְקַבֶּלֶת כֶּסֶף. __________ בַּקֻּפָּה."
4. הוֹרִים יְקָרִים, עָצוּב לִי מְאֹד. __________ לִי מִכְתָּב אוֹ שְׁנַיִם.
5. גְּבֶרֶת, אַתְּ יוֹשֶׁבֶת בַּמָּקוֹם שֶׁלִּי. __________, בְּבַקָּשָׁה.
6. יְלָדִים, חַם הַיּוֹם. __________ הַרְבֵּה מַיִם.
7. אִמָּא: "דָּנִי, כְּבָר מְאֻחָר וְאַתָּה עוֹד מְשַׂחֵק?! __________ אֶת הַשִּׁעוּרִים לְמָחָר!"

(יוֹשֵׁב כּוֹתֵב מְשַׁלֵּם נוֹתֵן עוֹשֶׂה קָם שׁוֹתֶה)

ג. כְּתֹב בֶּעָבָר:

1. אֲנִי מַסְכִּים לִלְמֹד אִתְּךָ. ____________
2. אַתָּה מַרְגִּישׁ טוֹב. ____________
3. אַתְּ מַבְטִיחָה לַעֲזֹר לִי. ____________
4. הוּא מַתְחִיל לַעֲבֹד בְּשֵׁשׁ. ____________
5. הִיא מַסְבִּירָה לִי אֶת הַשִּׁעוּר. ____________
6. אֲנַחְנוּ מַמְשִׁיכִים לַעֲבֹד בָּעֲרָבִים. ____________
7. אַתֶּם מַשְׁאִירִים אֶת הַסְּפָרִים בַּכִּתָּה. ____________
8. הֵם מַצְלִיחִים בַּבְּחִינָה. ____________

ד. הַשְׁלֵם בְּעֶזְרַת צוּרוֹת שֶׁל "אֶת" (= עִם):

1. נָסַעְתִּי לָעֲבוֹדָה, וְהִיא נָסְעָה __אִתִּי__.
2. דָּוִד, מִי לָמַד ____________ לַבְּחִינָה בְּמָתֵמָטִיקָה?
3. יֵשׁ לְךָ יוֹתֵר מִדַּי שְׂמָלוֹת. קְחִי ____________ רַק שְׁתַּיִם לַטִּיּוּל.
4. הוּא מְעַנְיֵן מְאֹד; כֻּלָּם אוֹהֲבִים לְדַבֵּר ____________.
5. הִיא יָפָה, וְכָל הַבַּחוּרִים רוֹצִים לִרְקֹד ____________.
6. אֲנַחְנוּ הוֹלְכִים לְקוֹלְנוֹעַ; אַתְּ רוֹצָה לָבוֹא ____________?
7. אַתֶּם פְּנוּיִים עַכְשָׁו? אֲנִי צָרִיךְ לְדַבֵּר ____________ עַל מַשֶּׁהוּ חָשׁוּב.
8. הֵם הָלְכוּ לַמּוּזֵאוֹן, וְלָקְחוּ ____________ אֶת הַיְלָדִים.

ה. **בְּחַר** שָׁרָשִׁים, וְהַשְׁלֵם בֶּעָתִיד:

1. אִם ________ בַּזְּמַן, הוּא ________ אִתְּךָ לַיָּם. (קבל, כעס)
2. אִם הֵם לֹא ________ מִמֶּנָּה מִכְתָּב, הֵם ________ עָלֶיהָ. (חכה, היה)
3. אִם הוּא ________, אֲנִי ________ לְבַקֵּר אֶצְלוֹ בְּשַׁבָּת. (קום, הלך)
4. אִם אֲנַחְנוּ ________ לָהֶם, (אֲנַחְנוּ) ________ רְעֵבִים מְאֹד. (בקש, בוא)

ו. הַשְׁלֵם בְּעֶזְרַת צוּרוֹת שֶׁל "מִ-":

1. הִיא בִּקְשָׁה __מִמֶּנִּי__ שֶׁאֶשְׁלַח לָהּ כֶּסֶף לְכַרְטִיס טִיסָה.
2. אַתָּה חָזָק; אֲבָל הֵם לֹא פּוֹחֲדִים __________.
3. אַתְּ שְׁכֵנָה שֶׁלִּי: אֲנִי גָר לֹא רָחוֹק __________.
4. הוּא כּוֹעֵס, כִּי הִיא לָקְחָה __________ אֶת הָעִתּוֹן.
5. הִיא לֹא כָּתְבָה לִי, וְלֹא שָׁמַעְתִּי __________ דָּבָר.
6. הֵם חוֹשְׁבִים שֶׁאֲנַחְנוּ רָעִים, וְהֵם פּוֹחֲדִים __________.
7. אַתֶּם נוֹסְעִים לְיִשְׂרָאֵל? מָתַי נְקַבֵּל __________ גְּלוּיָה?
8. קָשֶׁה לַהוֹרִים: הֵם גָּרִים בִּירוּשָׁלַיִם, וְהַיְלָדִים גָּרִים רָחוֹק __________.

ז. בִּמְקוֹם "רוֹצֶה" כְּתֹב צוּרוֹת שֶׁל "יֵשׁ/אֵין חֵשֶׁק":

1. הוּא רוֹצֶה לָרֶדֶת בַּתַּחֲנָה הַבָּאָה. __יֵשׁ לוֹ חֵשֶׁק לָרֶדֶת בַּתַּחֲנָה הַבָּאָה__
2. אֲנִי רוֹצָה לַעֲשׂוֹת מְסִבָּה הַשָּׁבוּעַ. ______________________
3. הִיא רָצְתָה לִנְסֹעַ לְאֵירוֹפָּה בַּקַּיִץ. ______________________
4. תִּרְצוּ לָלֶכֶת לְקוֹלְנוֹעַ בְּיוֹם שֵׁנִי? ______________________
5. אַתָּה רוֹצֶה לְבַקֵּר אֵצֶל אֲחוֹתְךָ. ______________________
6. אֵינֶנִּי רוֹצֶה לֶאֱכֹל עַכְשָׁו. ______________________
7. לֹא רָצִית לָנוּחַ בְּשַׁבָּת. ______________________
8. הִיא לֹא תִּרְצֶה לְצַיֵּר בַּגַּן. ______________________

א. הַשְׁלֵם אֶת הַמִּשְׁפָּטִים הַבָּאִים בְּעֶזְרַת הַפְּעָלִים הַכְּתוּבִים לְמַטָּה:

1. הוּא סִפֵּר לִי כָּל מִינֵי סִפּוּרִים לֹא נְכוֹנִים, וַאֲנִי _____________ לוֹ...

2. אִם יֵשׁ שְׁנֵי שִׁעוּרִים לְעִבְרִית (בְּ-9 וּבְ-10), הִיא _____________ לָבוֹא לַשִּׁעוּר הַשֵּׁנִי.

3. דָּוִד, אֵינֶנִּי מֵבִין אֶת הַשִּׁעוּר הָאַחֲרוֹן. _____________ לִי אוֹתוֹ, בְּבַקָּשָׁה.

4. אָמַרְנוּ לוֹ לָלֶכֶת הַבַּיְתָה, כִּי הוּא עָשָׂה רַעַשׁ וְ_____________ לָנוּ.

5. הוּא יָבוֹא לַמְּסִבָּה רַק אִם הִיא _____________ לִרְקֹד אִתּוֹ.

6. אַתָּה מֻכְרָח לַעֲשׂוֹת אֶת זֶה: _____________ לִי!

7. לִמְדוּ הֵיטֵב, וְ_____________ בַּבְּחִינָה.

8. לֹא כְּדַאי לְאַחֵר לַהַרְצָאָה. הַמּוֹרֶה אוֹהֵב _____________ בַּזְּמַן.

(לְהַאֲמִין לְהַבְטִיחַ לְהַסְבִּיר לְהַסְכִּים לְהַעֲדִיף לְהַפְרִיעַ לְהַצְלִיחַ לְהַתְחִיל)

ב. הַשְׁלֵם אֶת הַמִּשְׁפָּטִים הַבָּאִים כִּרְצוֹנְךָ (בַּזְּמַן הַנָּכוֹן):

1. אֲנִי אַאֲמִין, רַק כְּשֶׁ____

2. הֵם כָּעֲסוּ מְאֹד עַל הַמּוֹרֶה כְּשֶׁ_______________________________________

3. אֲנַחְנוּ מַחֲזִירִים אֶת הַסְּפָרִים לַסִּפְרִיָּה, כְּשֶׁ________________________________

4. הוֹרַי שָׂמְחוּ מְאֹד כְּשֶׁ(אֲנִי) _______________________________________

5. יֵשׁ לִי חֵשֶׁק לֶאֱכֹל גְּלִידָה, כְּשֶׁ_____________________________________

6. נַזְמִין אֶתְכֶם, כְּשֶׁ____

ג. כְּתֹב בֶּעָתִיד:

1. אֲנִי מַסְכִּים לִלְמֹד אִתְּךָ. ______________
2. אַתָּה מַזְמִין אוֹתָם לַמְּסִבָּה. ______________
3. אַתְּ מַבְטִיחָה לְבַקֵּר אֶצְלֵנוּ. ______________
4. הוּא מַתְחִיל לִלְמֹד הַשָּׁבוּעַ. ______________
5. הִיא מַרְגִּישָׁה מְצֻיָּן. ______________
6. אֲנַחְנוּ מַצְלִיחִים בָּעֲבוֹדָה. ______________
7. אַתֶּם מַסְבִּירִים אֶת הַתַּרְגִּיל. ______________
8. הֵם מַמְשִׁיכִים לְהַפְרִיעַ. ______________

ד. כְּתֹב בֶּעָבָר:

1. אֲנִי מֵקִים אוֹתוֹ מֻקְדָּם בַּבֹּקֶר. ______________
2. אַתָּה מֵבִין אֶת הַכֹּל? ______________
3. אַתְּ מְבִיאָה לָנוּ דֹּאַר. ______________
4. הוּא מֵכִין אֶת הַשִּׁעוּרִים. ______________
5. הִיא מְרִיצָה אוֹתָנוּ מִמָּקוֹם לְמָקוֹם. ______________
6. אַתֶּם מְבִיאִים דְּרִישַׁת שָׁלוֹם מִמֶּנָּה. ______________

ה. כְּתֹב אֶת תַּרְגִּיל ד (לְמַעְלָה) בֶּעָתִיד:

1. ______________
2. ______________
3. ______________
4. ______________
5. ______________
6. ______________

ו. בְּחַר בַּצּוּרָה הַנְּכוֹנָה:

1. לֹא טוֹב לְדַבֵּר (לִפְנֵי/לִפְנֵי שֶׁ) חוֹשְׁבִים.
2. (לִפְנֵי/לִפְנֵי שֶׁ) הַשִּׁעוּר, אָכַלְנוּ אֲרוּחַת עֶרֶב.
3. (אַחֲרֵי/אַחֲרֵי שֶׁ) תֵּשַׁע בָּעֶרֶב, הַחֲנוּיוֹת סְגוּרוֹת.
4. הָלַכְנוּ לְמִסְעָדָה (אַחֲרֵי/אַחֲרֵי שֶׁ) הַהַרְצָאָה.
5. (לִפְנֵי/לִפְנֵי שֶׁ) רָאִיתִי אוֹתוֹ, חָשַׁבְתִּי שֶׁהוּא גָּבוֹהַּ.
6. שָׁלַחְנוּ גְּלוּיוֹת הַבַּיְתָה (אַחֲרֵי/אַחֲרֵי שֶׁ) בִּקַּרְנוּ בַּמּוּזֵאוֹן.
7. (אַחֲרֵי/אַחֲרֵי שֶׁ) רַצְנוּ 10 קִילוֹמֶטְרִים, הָיִינוּ עֲיֵפִים וּרְעֵבִים.
8. (לִפְנֵי/לִפְנֵי שֶׁ) שְׁלֹשָׁה חֳדָשִׁים, הָיָה לָנוּ חֹפֶשׁ דֵּי אָרֹךְ.

ז. כְּתֹב בְּמִשְׁפָּט אֶחָד:

דֻּגְמָה: הוּא נָמוֹךְ. הִיא יוֹתֵר נְמוּכָה. הִיא יוֹתֵר נְמוּכָה מִמֶּנּוּ.

1. אַתָּה צָעִיר. הִיא יוֹתֵר צְעִירָה. ____________
2. אֲנִי רָעֵב. אַתָּה יוֹתֵר רָעֵב. ____________
3. אַתְּ עֲסוּקָה. אֲנִי פָּחוֹת עָסוּק. ____________
4. אֲנַחְנוּ מֻכְשָׁרִים. הֵם יוֹתֵר מֻכְשָׁרִים. ____________
5. אַתֶּם נֶחְמָדִים. הִיא יוֹתֵר נֶחְמָדָה. ____________
6. הֵם מְעַנְיְנִים. אַתְּ יוֹתֵר מְעַנְיֶנֶת. ____________

ח. כְּתֹב אֶת צוּרוֹת הַהַפְלָגָה (superlative = "the most")

דֻּגְמָה: זֹאת שְׁאֵלָה קָשָׁה. זֹאת הַשְּׁאֵלָה הַקָּשָׁה בְּיוֹתֵר

1. זֹאת הַצָּגָה מַצְחִיקָה. ____________
2. אֵלֶּה בְּחִינוֹת הוֹגְנוֹת. ____________
3. אֵלֶּה רְחוֹבוֹת יְשָׁרִים. ____________
4. זֶה תֵּאַטְרוֹן יָשָׁן. ____________

א. הַשְׁלֵם בְּצִוּוּי שֶׁל הַפְּעִיל:

1. ________ לִי שֶׁתָּבוֹאִי אִתִּי לַהַצָּגָה. (בטח)

2. לִמְדוּ הֵיטֵב וְ________ בַּבְּחִינוֹת. (צלח)

3. אִם אַתָּה עוֹשֶׂה מְסִבָּה, ________ גַּם אֶת הַסְטוּדֶנְטִים הַחֲדָשִׁים. (זמן)

4. אִם אַתֶּם מְבִינִים אֶת זֶה, ________ לִי, בְּבַקָּשָׁה. (סבר)

5. דָּוִד, כָּל הַתַּלְמִידִים כְּבָר פֹּה. ________ בַּהַרְצָאָה. (תחל)

ב. כְּתֹב אֶת הַתּוֹצָאָה בְּעֶזְרַת צוּרוֹת הַפָּעוּל:

1. סָגַרְתִּי אֶת הַסֵּפֶר. הַסֵּפֶר סָגוּר

2. כָּתַבְנוּ אֶת הַגְּלוּיָה. ________

3. פָּתַחְתְּ אֶת הַחַלּוֹנוֹת. ________

4. גְּמַרְתֶּם אֶת הַבְּחִינוֹת. ________

5. עָשִׂיתָ אֶת הַקָּפֶה. ________

6. בָּנוּ אֶת הַחוֹמָה. ________

7. הוּא חָצָה אֶת הָעֻגּוֹת לִשְׁנַיִם. ________

8. מִישֶׁהוּ קָנָה אֶת הַבְּגָדִים. ________

ג. הַשְׁלֵם בְּעֶזְרַת מִלַּת הַיַּחַס הַדְּרוּשָׁה:

1. הֵם כּוֹעֲסִים ________, כִּי הִיא לֹא אוֹהֶבֶת לְבַקֵּר ________.

2. הוּא נָסַע לְמֶכְּסִיקוֹ בְּלִי הַבַּת הַקְּטַנָּה ________? מִי שׁוֹמֵר ________?

3. הַחֲכָמִים אֵצֶל הַמֶּלֶךְ עַכְשָׁו. הוּא קָרָא ________ לִפְנֵי שָׁעָה, וְאָמַר ________ לָבוֹא ________.

ג.   מַלֵּא אֶת הַטֹּפֶס בְּעִבְרִית:

―――――――――― שְׁאֵלוֹן ――――――――――

שֵׁם הָאָב: _____	שֵׁם פְּרָטִי: _____
מִקְצוֹעַ הָאָב: _____	שֵׁם מִשְׁפָּחָה: _____
	שְׁנַת לֵידָה: _____
	מְקוֹם לֵידָה: _____

מַצָּב מִשְׁפַּחְתִּי: ___ רַוָּק(ה)
      ___ נָשׂוּי (נְשׂוּאָה)   מִסְפַּר יְלָדִים: _____
      ___ גָּרוּשׁ (גְּרוּשָׁה)
      ___ אַלְמָן (ה)

כְּתֹבֶת קְבוּעָה: רְח' _____ מִס. ___ עִיר _____ מְדִינָה _____

כְּתֹבֶת נוֹכְחִית: רְח' _____ מִס. ___ עִיר _____ מְדִינָה _____

שֵׁם הַמּוֹסָד הַחִנּוּכִי: _____

שְׁנַת הַלִּמּוּדִים: ___ רִאשׁוֹנָה   ___ שְׁנִיָּה   ___ שְׁלִישִׁית   ___ רְבִיעִית

נוֹשֵׂא הַהִתְמַחוּת: _____

שָׂפוֹת: _____

מְקוֹם עֲבוֹדָה: _____

שֵׁם הַמַּעֲבִיד: _____

ד.   הַשְׁלֵם בְּהִפְעִיל (בַּזְּמַן וּבַצּוּרָה הַנְּכוֹנִים):

1.   אֲנִי רוֹצֶה לְהַגִּיעַ לַשִּׁעוּר בַּזְּמַן.   (נגע)

2.   רוּתִי, אַתְּ _____ אֶת אוּרִי, הַשָּׁכֵן שֶׁלִּי?   (נכר)

3.   אִם לֹא תִּהְיֶה לְךָ מְכוֹנִית, אֲנִי _____ אוֹתְךָ לָאוּנִיבֶרְסִיטָה מָחָר.   (נסע)

4.   קְצָת צְחוֹק יָכוֹל _____ אֲפִלּוּ אֶת הַשִּׁעוּר הָרְצִינִי בְּיוֹתֵר.   (נעם)

5.   זֶה לֹא חָבֵר חָדָשׁ שֶׁלִּי: _____ אוֹתוֹ כְּבָר לִפְנֵי יוֹתֵר מִשָּׁנָה, אֵצֶל רָנָה.   (נכר)

ה. בְּחַר שָׁרָשִׁים מֵהַשּׁוּלַיִם, וְהַשְׁלֵם בְּהִפְעִיל:

1. אִם תֹּאכְלִי אֲרוּחַת בֹּקֶר, ~~תַּרְגִּישִׁי~~ יוֹתֵר טוֹב. (נעם)

2. כְּשֶׁאֶהְיֶה בְּיִשְׂרָאֵל, ____________ הַרְבֵּה אֲנָשִׁים חֲדָשִׁים. (בוא)

3. הִיא עֲצוּבָה מְאֹד, וְאֵינֶנִּי יוֹדֵעַ אֵיךְ ____________ לָהּ אֶת הָעֶרֶב. (נסע)

4. אֲנִי בְּאַרְהָ"ב כְּבָר הַרְבֵּה שָׁנִים: ____________ לְכָאן בְּ-1990. ~~(רגש)~~

5. אִם הַחֲנוּת תִּהְיֶה פְּתוּחָה, אֲנִי ____________ לָכֶם יְרָקוֹת. (קום)

6. אֲנִי כָּל-כָּךְ אוֹהֵב לִישֹׁן, שֶׁאִמִּי מֻכְרָחָה ____________ אוֹתִי מֵהַמִּטָּה בְּכֹחַ. (תחל)

7. בְּאַרְהָ"ב, הַהוֹרִים צְרִיכִים ____________ אֶת יַלְדֵיהֶם בִּמְכוֹנִיתָם לְכָל מָקוֹם. (נגע)

8. הַבְּחִינָה מָחָר וְאַתֶּם עוֹד מְבַזְבְּזִים אֶת זְמַנְּכֶם??! ____________ לִלְמֹד! (נכר)

ו. כְּתֹב בְּמִשְׁפָּט אֶחָד (מִשְׁאָלָה):

1. אֲנִי רוֹצָה (אַתֶּם מַרְגִּישִׁים בַּבַּיִת). אֲנִי רוֹצָה שֶׁתַּרְגִּישׁוּ בַּבַּיִת

2. הִיא רוֹצָה (הִיא מְבִינָה אֶת הַסֶּרֶט). ____________

3. הֵם מְבַקְשִׁים (אֲנַחְנוּ מַתְחִילִים בַּזְּמַן). ____________

4. הוּא מְקַוֶּה (אַתְּ מַגִּיעָה הַבַּיְתָה בְּשָׁלוֹם). ____________

5. אֲנַחְנוּ רוֹצִים (אֲנַחְנוּ מַכִּירִים אֶת הַטַּיָּס). ____________

6. אַתְּ מְקַוָּה (הוּא מַצְלִיחַ בָּעֲבוֹדָה). ____________

7. אֲנִי מְבַקֵּשׁ (אַתְּ מַסְבִּירָה לִי אֶת הַבְּעָיָה). ____________

8. אַבָּא רוֹצֶה (יֵשׁ לָנוּ מִקְצוֹעַ). ____________

א. כְּתֹב מֵחָדָשׁ בְּעֶזְרַת צוּרוֹת שֶׁל הִתְפַּעֵל:

1. הִיא **לוֹבֶשֶׁת בְּגָדִים** מַהֵר. הִיא מִתְלַבֶּשֶׁת מַהֵר.
2. הוּא **רוֹחֵץ אֶת הַגּוּף שֶׁלּוֹ** בָּאַמְבַּטְיָה. __________
3. אֲנַחְנוּ **עוֹשִׂים מִקְלַחַת** לִפְנֵי אֲרוּחַת הַבֹּקֶר. __________
4. הוּא רוֹצֶה **לִהְיוֹת קָרוֹב** אֵלֶיהָ. __________
5. הֵם רוֹצִים **לִהְיוֹת רְחוֹקִים** מִמֶּנּוּ. __________
6. הוּא **הִתְחִיל לֶאֱהֹב אוֹתָהּ** מֵהָרֶגַע הָרִאשׁוֹן. __________
7. אַתֶּם **נֶגֶד** שִׁעוּרִים בְּשַׁבָּת. __________
8. הֵם **רוֹאִים זֶה אֶת זֶה** בְּכָל יוֹם שִׁשִּׁי. __________
9. הֵן **כּוֹתְבוֹת זוֹ לְזוֹ** כַּמָּה פְּעָמִים בְּשָׁנָה. __________
10. הוּא **גֵּרֵשׁ אֶת אִשְׁתּוֹ** לִפְנֵי שְׁנָתַיִם. __________

ב. בְּדֹק בְּמִלּוֹן אִם הַתְּשׁוּבוֹת שֶׁלְּךָ נְכוֹנוֹת. הָכֵן רְשִׁימָה שֶׁל פְּעָלִים בְּ"הִתְפַּעֵל" לְמַעְלָה, עִם מִלּוֹת הַיַּחַס שֶׁלָּהֶם:

	פֹּעַל	מִלַּת הַיַּחַס
1.	לְהִתְקָרֵב	אֶל/לְ-
2.	__________	______
3.	__________	______
4.	__________	______
5.	__________	______

ג. כְּתֹב אֶת הַהֵפֶךְ בְּעֶזְרַת "אַף אֶחָד":

1. כָּל אֶחָד קָם מְאֻחָר בַּבֹּקֶר. אַף אֶחָד לֹא קָם מְאֻחָר בַּבֹּקֶר.

2. כֻּלָּם מִתְחַתְּנִים בְּרֹאשׁ הַשָּׁנָה. ____________

3. מִישֶׁהוּ שׂוֹנֵא אֹכֶל צָרְפָתִי. ____________

4. כָּל אֶחָד אוֹהֵב לְשַׁקֵּר. ____________

5. מִישֶׁהוּ סִפֵּר לִי אֶת הַסִּפּוּר. ____________

6. כָּל אֶחָד נָסִיךְ עַל סוּס לָבָן. ____________

7. לְכֻלָּם בַּכִּתָּה יֵשׁ מִקְצוֹעַ מְעַנְיֵן. ____________

ד. כְּתֹב אֶת הַהֵפֶךְ בְּעֶזְרַת "אַף פַּעַם":

1. פַּעֲמַיִם בְּשָׁבוּעַ יֵשׁ מְסִבּוֹת בַּכִּתָּה. אַף פַּעַם אֵין מְסִבּוֹת בַּכִּתָּה.

2. לִפְעָמִים אֲנַחְנוּ נוֹסְעִים לַיָּם בַּחֹרֶף. ____________

3. הֵם תָּמִיד לוֹמְדִים לִבְחִינוֹת בַּזְּמַן. ____________

4. הִיא תִּתְגָּרֵשׁ מִמֶּנּוּ כָּל שָׁנָה. ____________

5. עוֹלִים חֲדָשִׁים תָּמִיד מַגִּיעִים אַרְצָה בְּרַכֶּבֶת. ____________

6. לִפְעָמִים נִדְמֶה לִי שֶׁאֲנִי נְסִיכָה יְהוּדִיָּה. ____________

7. אֲנַחְנוּ מִתְקַלְּחִים תָּמִיד בְּמַיִם קָרִים. ____________

בְּעָיוֹת מְיֻחָדוֹת
בְּבִנְיַן הִתְפַּעֵל

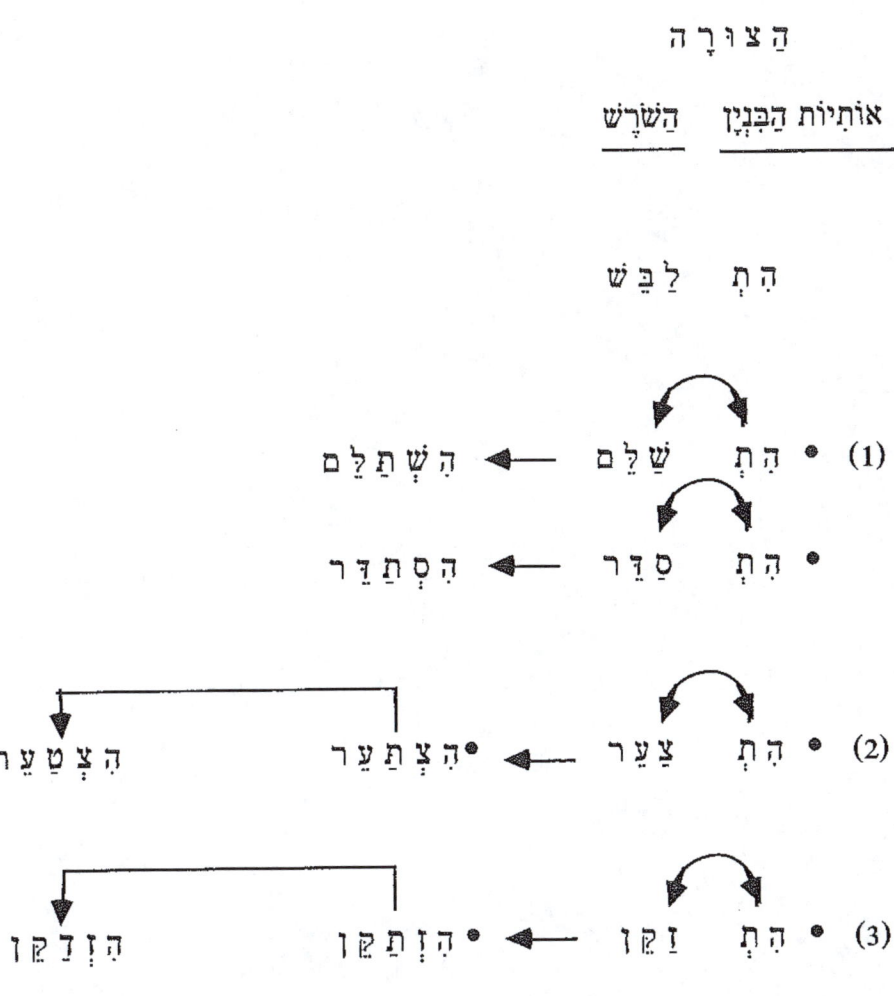

הַצּוּרָה

הַשֹּׁרֶשׁ	אוֹתִיּוֹת הַבִּנְיָן
לַבֵּשׁ	הִתְ

(1) • הִתְ שַׁלֵּם ← הִשְׁתַּלֵּם

• הִתְ סַדֵּר ← הִסְתַּדֵּר

(2) • הִתְ צַעֵר ← •הִצְתַּעֵר ← הִצְטַעֵר

(3) • הִתְ זַקֵּן ← •הִזְתַּקֵּן ← הִזְדַּקֵּן

ה. כְּתֹב אֶת הַהֵפֶךְ:

1. הִיא אוֹהֶבֶת אֶת כָּל הַבַּחוּרִים בַּכִּתָּה. הִיא לֹא אוֹהֶבֶת אַף בָּחוּר בַּכִּתָּה.
2. הֵם תָּמִיד מִתְרַחֲצִים בַּבֹּקֶר. ______________
3. הוּא מִתְעַנְיֵן בְּכָל דָּבָר. ______________
4. לִפְעָמִים אֲנַחְנוּ פּוֹגְשִׁים חֲבֵרִים בְּבָּר. ______________
5. כָּל הַחֲבֵרִים שֶׁלָּנוּ עוֹבְדִים בַּלֵּילוֹת. ______________
6. פַּעַם הָיָה לוֹ זְמַן לָנוּחַ. ______________
7. יוֹם אֶחָד הִיא תִּתְחַתֵּן אִתּוֹ. ______________
8. בַּמְּסִבָּה הִיא תִּפְגֹּשׁ אֶת הַנָּסִיךְ. ______________

ו. כְּתֹב מֵחָדָשׁ, בְּעֶזְרַת צוּרוֹת שֶׁל הִתְפַּעֵל:

1. אֲנִי אוֹהֵב **לַעֲשׂוֹת מִקְלַחַת** בְּמַיִם קָרִים. ______________
2. סוֹף שְׁנַת הַלִּמּוּדִים **מַתְחִיל לִהְיוֹת קָרוֹב**. ______________
3. לָמָּה **הִתְחַלְתְּ לֶאֱהֹב אוֹתוֹ**? מָה מָצָאת בּוֹ? ______________
4. כַּמָּה זְמַן אַתֶּם כְּבָר **כּוֹתְבִים זֶה לָזֶה**? ______________
5. הֵם **עָשׂוּ אֶת הַחֲתֻנָּה שֶׁלָּהֶם** לִפְנֵי חֹדֶשׁ. ______________
6. **נִרְאָה זֶה אֶת זֶה** בַּשָּׁנָה הַבָּאָה. ______________
7. אֵין לִי חֵשֶׁק לָקוּם **וְלִלְבֹּשׁ בְּגָדִים** עַכְשָׁו. ______________
8. הֵם **רוֹחֲצִים אֶת הַגּוּף** בַּיָּם. ______________

ז. הַשְׁלֵם בְּהִתְפַּעֵל:

1. הַבֹּקֶר לֹא רָצִיתִי __________, כִּי לֹא הָיוּ מַיִם חַמִּים בַּשִּׁכּוּן. (קלח)

2. הָאֹכֶל __________ בִּזְמַן שֶׁדִּבַּרְתָּ בַּטֶּלֶפוֹן. (קרר)

3. הִיא אַף פַּעַם לֹא תִּתְחַתֵּן, כִּי כָּל יוֹם הִיא __________ בְּמִישֶׁהוּ חָדָשׁ. (אהב)

4. הַ"פוֹרְד" שֶׁלִּי כְּבָר יְשָׁנָה. עַכְשָׁו אֲנִי __________ בִּמְכוֹנִיּוֹת יַפָּנִיּוֹת. (ענין)

5. אֲנִי בָּטוּחַ שֶׁהוּא יַצְלִיחַ: הוּא יוֹדֵעַ __________ יָפֶה בְּכָל מָקוֹם. (סדר)

6. לֹא הִכַּרְתִּי אוֹתוֹ, כִּי הוּא __________ מְאֹד. (שנה)

7. אִם (אֲנִי) __________ הָעִירָה, אָבוֹא לְבַקֵּר אֶצְלְכֶם. (זמן)

8. הִיא יָצְאָה מֵהַמִּקְלַחַת הַחַמָּה יָשָׁר הַחוּצָה, וְכָךְ הִיא __________. (צנן)

9. דָּוִד, הַשֵּׂעָר שֶׁלְּךָ יוֹתֵר מִדַּי אָרֹךְ. __________ כְּבָר! (ספר)

10. בְּסֵדֶר, אֵלֵךְ אִתָּךְ לַמְּסִבָּה; אֲבָל רַק אַחֲרֵי שֶׁ(אַתְּ) __________. (סרק)

א. הַשְׁלֵם אֶת הַמִּשְׁפָּטִים הַבָּאִים בְּעֶזְרַת הַמִּלִּים הַכְּתוּבוֹת לְמַטָּה:

1. הוּא רָץ כָּל בֹּקֶר, אוֹכֵל הֵיטֵב, וְנָח מַסְפִּיק, כִּי הוּא אוֹמֵר שֶׁהַ__________ יוֹתֵר חֲשׁוּבָה לוֹ מִכֶּסֶף.

2. הַיְלָדִים שֶׁלּוֹ בִּכְלָל לֹא מְנֻמָּסִים: הֵם מְדַבְּרִים וּמִתְנַהֲגִים בְּ__________.

3. נֶהָגִים טוֹבִים נוֹהֲגִים בְּ__________ וְלֹא בְּ__________ יוֹתֵר מִדַּי גְּדוֹלָה.

4. הֵן מַצְלִיחוֹת בַּלִּמּוּדִים וּבָעֲבוֹדָה, מִפְּנֵי שֶׁהֵן __________ מְאֹד.

5. אִם הִיא לֹא תְּנַקֶּה אֶת הַחֶדֶר שֶׁלָּהּ, הִיא תִּצְטָרֵךְ לִחְיוֹת בְּ__________.

6. אוֹמְרִים שֶׁלַּפִּיל יֵשׁ עוֹר עָבֶה: שֶׁהוּא חָסֵר __________. זֶה נָכוֹן?

7. הָ__________ שֶׁלּוֹ כָּל-כָּךְ רַבָּה, שֶׁהוּא חוֹשֵׁב שֶׁלָּקוּם מֵהַמִּטָּה זֹאת עֲבוֹדָה קָשָׁה...

(בְּרִיאוּת, זְהִירוּת, חֻצְפָּה, חֲרוּצוֹת, לִכְלוּךְ, מְהִירוּת, עַצְלוּת, רְגִישׁוּת)

ב. הַשְׁלֵם אֶת הַקֶּטַע הַבָּא (רַק מִלָּה אַחַת בְּכָל רֶוַח):

כַּאֲשֶׁר מַשְׁלִימִים מִשְׁפָּטִים, __________ קֹדֶם כָּל לִקְרֹא אֶת כָּל הַטֶּקְסְט __________ אַחַת, פַּעֲמַיִם, וְשָׁלֹשׁ, לִפְנֵי __________ לַעֲנוֹת. רַק אַחֲרֵי שֶׁמְּבִינִים פָּחוֹת אוֹ יוֹתֵר מַה הַטֶּקְסְט רוֹצֶה לוֹמַר, __________ "לְהַרְגִּישׁ" מָה חָסֵר בּוֹ (פֹּעַל, שֵׁם עֶצֶם, תֹּאַר, אוֹ מַשֶּׁהוּ אַחֵר).

חָשׁוּב גַּם __________ לֵב לְמִלִּים קְטַנּוֹת, כְּמוֹ "בְּ-", "לְ-", וְעוֹד. אִם, __________, רוֹאִים בַּטֶּקְסְט אֶת הַמִּלָּה "בְּ-", __________ לִכְתֹּב "עוֹזֵר"; כִּי הַמִּלָּה "עוֹזֵר" צְרִיכָה לָבוֹא עִם "לְ-". אַחֲרֵי "יָכוֹל" אוֹ "צָרִיךְ" מֻכְרָח לָבוֹא __________ - __________ אֶחָד אוֹ יוֹתֵר. וְדָבָר אַחֲרוֹן: גַּם אִם אֵין הַרְבֵּה זְמַן, יוֹתֵר טוֹב לִכְתֹּב חָמֵשׁ תְּשׁוּבוֹת __________ מֵאֲשֶׁר עֶשֶׂר טָעֻיּוֹת.

ג. הַשְׁלֵם בְּעֶזְרַת צוּרוֹת שֶׁל "לָשִׂים לֵב":

1. סֵדֶר לֹא מְעַנְיֵן אוֹתוֹ בְּדֶרֶךְ כְּלָל; אֲבָל הוּא תָּמִיד ___________ לְנִקָּיוֹן.

2. צָרִיךְ ___________ בַּשִּׁעוּר לְמַה שֶּׁהַמּוֹרֶה אוֹמֵר.

3. אִם לֹא ___________ לְמַה שֶּׁאַתְּ עוֹשָׂה, לֹא תַּעֲשִׂי עֲבוֹדָה טוֹבָה.

4. כְּבָר אָמַרְתָּ לִי אֵיפֹה אַתָּה גָּר? אֲנִי מִצְטַעֵר, לֹא ___________ ___________.

5. לָמָּה אֵינְךָ זָהִיר? ___________ לְאָן אַתָּה נוֹסֵעַ!!!

6. אָמַרְתִּי לַיְלָדִים שֶׁאָסוּר לְשַׂחֵק בַּכְּבִישׁ, אֲבָל הֵם לֹא ___________ אֵלַי ___________.

7. אֵינֶנִּי יָכוֹל ___________ לִשְׁלֹשָׁה דְּבָרִים בִּזְמַן אֶחָד.

8. יוֹסֵף, ___________ לַתִּסְרֹקֶת הַחֲדָשָׁה שֶׁלִּי?

ד. כְּתֹב שְׁאֵלוֹת לַתְּשׁוּבוֹת:

1. הַשָּׁעָה **אַחַת בְּדִיּוּק**. ___________?

2. רַק **לִפְנֵי שֶׁ**בָּאִים אוֹרְחִים. ___________?

3. **כִּי** הַנֶּהָגִים לֹא אֲדִיבִים. ___________?

4. הוּא מַגִּיעַ יָשָׁר **מִשְּׂדֵה הַתְּעוּפָה**. ___________?

5. הַחֲתוּנָּה עָלְתָה **הַרְבֵּה כֶּסֶף**. ___________?

6. אֲנִי נוֹסַעַת **לַמִּשְׂרָד**. ___________?

7. הֵם בְּנֵי **שְׁלֹשִׁים**. ___________?

8. הִיא אוֹהֶבֶת **אוֹתוֹ**. ___________?

9. הוּא פּוֹחֵד **מִמֶּנָּה**. ___________?

10. הִיא כּוֹעֶסֶת **עָלָיו**. ___________?

חִפּוּשׂ שׁוּתָּפִים לְדִירָה

לְיַד כָּל מוֹדָעָה כְּתֹב מִי הַחַיָּה הַמְחַפֶּשֶׂת, וּמִי הַחַיָּה הַטּוֹבָה בְּיוֹתֵר לִהְיוֹת שׁוּתָּפָה:

1. "אֲנִי מְחַפֵּשׂ שׁוּתָּף לְדִירָה. הַשּׁוּתָּף צָרִיךְ לִהְיוֹת שָׁקֵט וְנָקִי.
הוּא לֹא צָרִיךְ לִהְיוֹת מָהִיר, אֲבָל הוּא מֻכְרָח לִשְׂנֹא כְּלָבִים." חָתול דָג

2. "דָּרוּשׁ שׁוּתָּף מְבֻגָּר וּרְצִינִי. לֹא חָשׁוּב אִם הוּא מְעַשֵּׁן. לֹא חָשׁוּב
אִם הוּא מְלַכְלֵךְ. אֲבָל רָצוּי מְאֹד שֶׁהוּא לֹא יִהְיֶה רָגִישׁ מְאֹד." ______ ______

3. "אִם אַתָּה אוֹהֵב לְטַיֵּל בַּמִּדְבָּר, מוּכָן לְהַכִּיר אֶת חֲבֵרֵי הָעֲרָבִים,
וְיֵשׁ לְךָ הַרְבֵּה מַיִם -- בּוֹא לִהְיוֹת הַשּׁוּתָּף שֶׁלִּי." ______ ______

4. "אַתָּה קָטָן וּמָהִיר? אוּלַי אַתָּה יָכוֹל לָגוּר אִתִּי בַּדִּירָה.
אֲבָל אִם אַתָּה אוֹהֵב גְּבִינָה יוֹתֵר מִכָּל דָּבָר אַחֵר -- אַתָּה
לֹא יָכוֹל לִהְיוֹת הַשּׁוּתָּף שֶׁלִּי." ______ ______

5. "אֲנִי מְחַפֵּשׂ שׁוּתָּף טָעִים. הוּא יָכוֹל לִהְיוֹת גָּדוֹל אוֹ קָטָן, שָׁקֵט
אוֹ רוֹעֵשׁ, חָכָם אוֹ טִפֵּשׁ, אֲבָל הוּא צָרִיךְ לִהְיוֹת רַךְ וְלֹא זָהִיר." ______ ______

כְּתֹב מוֹדָעוֹת:

1. גִ'ירָף מְחַפֵּשׂ זֶבְּרָה

____

____

____

2. כֶּלֶב מְחַפֵּשׂ אָדָם

____

____

____

א. כְּתֹב בְּרַבִּים:

1. אַתָּה נִכְנָס לַשִּׁעוּר מֻקְדָּם. ______________

2. הַיּוֹם אֲנִי נִשְׁאָר בַּקַּמְפּוּס עַד הָעֶרֶב. ______________

3. מָתַי אַתְּ נִכְנֶסֶת לְחַדְרֵךְ? ______________

4. הָעִיר נִמְצֵאת בְּאֶרֶץ יִשְׂרָאֵל. ______________

ב. עֲנֵה עַל הַשְּׁאֵלוֹת:

1. אֵיפֹה נִמְצָא הַר הַבַּיִת?

____

2. מַדּוּעַ הַר הַבַּיִת קָדוֹשׁ לַיְּהוּדִים?

____

3. מַה הוּא הַכֹּתֶל הַמַּעֲרָבִי?

____

4. מַה עוֹשִׂים יְהוּדִים לְיַד הַכֹּתֶל?

____

5. מַה שָּׂמִים יְהוּדִים בֵּין אַבְנֵי הַכֹּתֶל?

____

6. מַדּוּעַ אוֹהֲבִים אַרְכֵאוֹלוֹגִים לַחְפֹּר בִּירוּשָׁלַיִם?

____

7. מַה מָּצְאוּ הָאַרְכֵאוֹלוֹגִים מִתַּחַת לְרַחֲבַת מִסְגַּד עוֹמָר?

____

ג. הֲפֹךְ מִפָּעִיל לְסָבִיל:

1. הַשּׁוֹמֵר סוֹגֵר אֶת הַשַּׁעַר. — הַשַּׁעַר נִסְגָּר עַל יְדֵי הַשּׁוֹמֵר
2. הַיְלָדִים לוֹמְדִים אֶת הָאַגָּדָה. ____________
3. הַקֻּפַּאי סוֹפֵר אֶת הַכַּרְטִיסִים. ____________
4. הָאִשָּׁה לוֹבֶשֶׁת שְׂמָלוֹת. ____________
5. הַמֶּלְצָרִים רוֹחֲצִים אֶת הַשֻּׁלְחָן. ____________
6. הָרוֹפֵא פּוֹתֵחַ אֶת הַמִּרְפָּאָה. ____________
7. הָאִישׁ קוֹרֵא אֶת הַמּוֹדָעָה. ____________
8. הַהוֹרִים אוֹהֲבִים אֶת הַיְלָדִים. ____________
9. הַבֵּן שׁוֹלֵחַ חֲבִילָה. ____________
10. הַחֲבֵרִים שׁוֹמְעִים מוּסִיקָה. ____________

ד. עֲנֵה:

1. מִי הָיָה חִזְקִיָּהוּ? ____________
2. מָתַי הוּא חַי? ____________
3. אֵיפֹה נִמְצָא מַעְיַן הַגִּיחוֹן? ____________
4. מַה הַקֶּשֶׁר בֵּין חִזְקִיָּהוּ לְמַעְיַן הַגִּיחוֹן? ____________

____

____

ה. הֲפֹךְ מִפָּעִיל לְסָבִיל:

1. הַמּוֹרֶה כּוֹתֵב סְפָרִים. ______________
2. מִי חוֹפֵר אֶת הַמִּנְהָרָה? ______________
3. אֲנִי פּוֹתֵחַ אֶת הַמַּעֲטָפָה. ______________
4. אַתָּה סוֹגֵר אֶת הַדֶּלֶת. ______________
5. אַתְּ שׁוֹמֶרֶת אֶת הַמִּכְתָּבִים. ______________
6. הוּא שׁוֹלֵחַ גְלוּיוֹת. ______________
7. הִיא אוֹכֶלֶת אֶת הַמָּרָק. ______________
8. אֲנַחְנוּ מוֹצְאִים אֶת הַכְּתֹבֶת. ______________
9. אַתֶּם שׁוֹמְעִים תַּקְלִיטִים. ______________
10. הֵם אוֹהֲבִים אֶתְכֶם. ______________

ו. כְּתֹב אֶת הַהֵפֶךְ, בְּעֶזְרַת "אַף אֶחָד", "אַף פַּעַם", וְ"שׁוּם דָּבָר":

1. בְּיָמִים שֶׁל אִנְפְלַצְיָה, הַכֹּל זוֹל. ______________
2. הַכֹּל נִמְצָא בַּמָּקוֹם. ______________
3. שָׁמַעְתִּי מַשֶּׁהוּ מְעַנְיֵן בָּרַדְיוֹ. ______________
4. תָּמִיד קוֹרֶה שָׁם מַשֶּׁהוּ. ______________
5. הוּא עוֹשֶׂה כָּל דָּבָר שֶׁמְּבַקְּשִׁים מִמֶּנּוּ. ______________
6. כָּל דָּבָר מַפְחִיד אוֹתָהּ תָּמִיד. ______________
7. הוּא תָּמִיד יוֹדֵעַ הַכֹּל. ______________
8. עֲצֵלִים עוֹשִׂים מַשֶּׁהוּ בְּכָל יוֹם. ______________
9. כֻּלָּם הוֹלְכִים תָּמִיד לַבְּרֵכָה הַזֹּאת. ______________
10. כָּל אֶחָד תָּמִיד עוֹשֶׂה פֹּה מַשֶּׁהוּ. ______________

א. כְּתֹב בֶּעָבָר:

1. אֲנִי נִכְנֶסֶת לָעִיר בַּכְּבִישׁ הֶחָדָשׁ. ______________

2. אַתָּה נִשְׁאָר בַּמִּדְבָּר בְּסוֹף הַשָּׁבוּעַ. ______________

3. אַתְּ נֶחֱשֶׁבֶת לְאִשָּׁה חֲכָמָה. ______________

4. בֵּית הַמִּקְדָּשׁ נֶהֱרַס פַּעֲמַיִם. ______________

5. עִיר דָּוִד נִמְצֵאת מִחוּץ לָעִיר הָעַתִּיקָה. ______________

6. אֲנַחְנוּ נִפְגָּשִׁים כָּל שָׁבוּעַ. ______________

7. אַתֶּם נִשְׁמָעִים מְצֻיָּנִים. ______________

8. הֵן נִלְחָמוֹת בְּעַד שִׁנּוּי. ______________

ב. כְּתֹב תְּשׁוּבוֹת מְלֵאוֹת:

1. מַה הָיָה הַשֵּׁם שֶׁל יְרוּשָׁלַיִם בִּתְקוּפַת אַבְרָהָם אָבִינוּ?

____

2. מִי עָשָׂה אוֹתָהּ לְבִירַת יִשְׂרָאֵל?

____

3. מָתַי?

____

4. אֵיפֹה הָיְתָה עִיר דָּוִד?

____

5. לָמָּה הִיא לֹא בְּתוֹךְ הָעִיר הָעַתִּיקָה שֶׁל הַיּוֹם?

____

6. אֵיךְ אֲנַחְנוּ יוֹדְעִים הַיּוֹם אֵיפֹה בְּדִיּוּק הִיא הָיְתָה?

____

ג. כְּתֹב בֶּעָתִיד:

1. נִכְנַסְתִּי לְמִנְהֶרֶת חִזְקִיָּהוּ. ______________________________

2. טוֹב שֶׁלֹּא נִשְׁאַרְתָּ לְבַד בַּבַּיִת. ______________________________

3. מָתַי אַתְּ נִפְגֶּשֶׁת עִם הַמִּשְׁפָּחָה? ______________________________

4. הַשִּׁעוּר נִגְמַר בְּ-10. ______________________________

5. הָאוּנִיבֶרְסִיטָה נִפְתְּחָה בַּקַּיִץ. ______________________________

6. אֲנַחְנוּ נִקְרָאִים "יְהוּדִים". ______________________________

7. אַתֶּם נִמְצָאִים בַּבַּיִת? ______________________________

8. הַבָּתִּים נֶהֶרְסוּ בַּמִּלְחָמָה. ______________________________

ד. כְּתֹב מֵחָדָשׁ, בְּעָבָר שֶׁל הֶרְגֵּל:

1. הוּא טִיֵּל בָּעִיר הָעַתִּיקָה. בְּכָל שַׁבָּת, *הוּא הָיָה מְטַיֵּל בָּעִיר הָעַתִּיקָה.*

2. הֵבֵאתִי לָכֶם פְּרָחִים. בְּכָל חַג, ______________________________

3. הִרְחַבְנוּ אֶת הַדִּירָה. כָּל כַּמָּה שָׁנִים, ______________________________

4. הִיא שָׁמְרָה עַל הַיְלָדִים. פַּעֲמַיִם בַּשָּׁבוּעַ, ______________________________

5. פְּתַחְתֶּם אֶת כָּל הַחַלּוֹנוֹת. בְּיָמִים חַמִּים, ______________________________

6. נָסַעְתְּ לְמֶרְכַּז הָעִיר. בְּכָל יוֹם שְׁלִישִׁי, ______________________________

7. יְהוּדִים עָלוּ לָרֶגֶל. שָׁלֹשׁ פְּעָמִים בַּשָּׁנָה, ______________________________

8. נִפְגַּשְׁתִּי אִתָּם בְּבֵית הַכְּנֶסֶת. בְּחַגִּים, ______________________________

ה. נָכוֹן אוֹ לֹא? אִם כֵּן, סַמֵּן בְּ-✓:

1.__ דָּוִד הַמֶּלֶךְ בָּנָה אֶת בֵּית הַמִּקְדָּשׁ.

2.__ דָּוִד הָיָה בְּנוֹ שֶׁל שְׁלֹמֹה הַמֶּלֶךְ.

3.__ בֵּית הַמִּקְדָּשׁ נִבְנָה מִצָּפוֹן לְעִיר דָּוִד.

4.__ הָרוֹמָאִים הָרְסוּ אֶת הַבַּיִת הָרִאשׁוֹן.

5.__ בָּנוּ אֶת בֵּית הַמִּקְדָּשׁ הַשֵּׁנִי בְּמֶשֶׁךְ 20 שָׁנָה.

6.__ שְׁנֵי בָּתֵּי הַמִּקְדָּשׁ נֶהֶרְסוּ בְּתִשְׁעָה בְּאָב.

ו. כְּתֹב בְּמִשְׁפָּט אֶחָד (מִסְפָּר בִּסְמִיכוּת וְשֵׁם עֶצֶם), לְפִי הַדֻּגְמָה:

1. יֵשׁ לִי שִׁשָּׁה חֲבֵרִים, וְכֻלָּם נֶחְמָדִים. שֵׁשֶׁת הַחֲבֵרִים שֶׁלִּי נֶחְמָדִים.

2. יֵשׁ שִׁבְעָה שְׁעָרִים בַּחוֹמָה, וְכֻלָּם פְּתוּחִים. ________________

3. יֵשׁ אַרְבָּעָה יִשְׂרְאֵלִים בַּכִּתָּה, וְכֻלָּם מְחִיפָה. ________________

4. יֵשׁ עֲשָׂרָה סִפּוּרִים בַּסֵּפֶר, וְהֵם מְעַנְיְנִים. ________________

5. הָיוּ אַרְבַּע מִלְחָמוֹת, וְכֻלָּן הָיוּ קָשׁוֹת. ________________

6. יֵשׁ חָמֵשׁ כִּתּוֹת לְעִבְרִית, וְכֻלָּן קְטַנּוֹת. ________________

7. יֵשׁ שָׁלֹשׁ פְּעָמִים מְיֻחָדוֹת, וְהֵן נִקְרָאוֹת "רְגָלִים". ________________

8. יֵשׁ לָהּ עֶשֶׂר שְׂמָלוֹת, וְכֻלָּן קֵיצִיּוֹת. ________________

9. יֵשׁ שֶׁבַע שְׁכָבוֹת בִּירִיחוֹ, וְכֻלָּן עַתִּיקוֹת. ________________

ז. כְּתֹב בְּמִשְׁפָּט אֶחָד (מִסְפָּר בִּסְמִיכוּת וְכִנּוּי גּוּף), לְפִי הַדֻּגְמָה:

1. אֲנַחְנוּ שְׁנַיִם, וַאֲנַחְנוּ כֹּהֲנִים. שְׁנֵינוּ כֹּהֲנִים.

2. אַתֶּם שְׁנַיִם, וְאַתֶּם שׁוֹמְרִים עַל הַבִּנְיָן. ________________

3. הֵן שְׁתַּיִם, וְהֵן אַרְכֵאוֹלוֹגִיּוֹת. ________________

4. אֲנַחְנוּ שְׁלֹשָׁה, וַאֲנַחְנוּ שָׂמִים פֶּתֶק בֵּין הָאֲבָנִים. ________________

5. אַתֶּן שָׁלֹשׁ, וְאַתֶּן שׁוֹתוֹת מֵהַמַּעְיָן. ________________

6. הֵם שְׁלֹשָׁה, וְהֵם מְחַפְּשִׂים אֶת עִקְּבוֹת הַדִּינוֹזָאוּרִים. ________________

7. אֲנַחְנוּ אַרְבַּע, וְכֻלָּנוּ אוֹהֲבוֹת מוּסִיקָה. ________________

8. אַתֶּם אַרְבָּעָה, וְאַתֶּם בְּסַכָּנָה. ________________

9. הֵן אַרְבַּע, וְהֵן לוֹמְדוֹת תַּנַ"ךְ וְסִפְרוּת. ________________

ח.   מְצָא שְׁמוֹנֶה סְמִיכוּיוֹת בְּעַמּוּד 259, וּכְתֹב אוֹתָן:

_____ .1

_____ .2

_____ .3

_____ .4

_____ .5

_____ .6

_____ .7

_____ .8

א. כְּתֹב בֶּעָבָר:

1. אֲנִי נִשְׁאָר בַּבַּיִת בְּשַׁבָּת. ________________

2. אַתָּה נִפְגָּשׁ עִם חֲבֵרִים. ________________

3. אַתְּ נִכְנֶסֶת לַשִּׁעוּר בַּזְּמַן. ________________

4. הַסֶּרֶט נִמְשָׁךְ שְׁעָתַיִם. ________________

ב. כְּתֹב חֵלֶק א בֶּעָתִיד:

1. ________________

2. ________________

3. ________________

4. ________________

ג. סַמֵּן אֶת הָאֶפְשָׁרוּת הַנְּכוֹנָה:

1. אֲנִי מַעֲדִיף לָלֶכֶת בָּרֶגֶל (מִ/מֵאֲשֶׁר) לִנְסֹעַ בְּאוֹטוֹבּוּס.
2. הַקִּירוֹת בַּחוֹמָה יוֹתֵר עָבִים (מִ/מֵאֲשֶׁר) הַקִּירוֹת בְּבַיִת רָגִיל.
3. אַרְכֵאוֹלוֹגִים גִּלּוּ יוֹתֵר שְׁכָבוֹת בִּירוּשָׁלַיִם (מִ/מֵאֲשֶׁר) בְּהַרְבֵּה עָרִים אֲחֵרוֹת.
4. הָיִינוּ בְּמֶכְּסִיקוֹ יוֹתֵר (מִ/מֵאֲשֶׁר) חֹדֶשׁ וָחֵצִי.
5. אֲנִי אוֹהֶבֶת אוֹתְךָ יוֹתֵר (מִ/מֵאֲשֶׁר) אוֹתוֹ.
6. מְדִינַת יִשְׂרָאֵל יוֹתֵר צְעִירָה (מִ/מֵאֲשֶׁר) אַרְהָ"ב.

ד. עֲנֵה תְּשׁוּבוֹת קְצָרוֹת:

1. כַּמָּה זְמַן, בְּעֵרֶךְ, שָׁלְטוּ הַטּוּרְקִים בְּאֶרֶץ יִשְׂרָאֵל? ______________

2. כַּמָּה זְמַן, בְּעֵרֶךְ, שָׁלְטוּ הַבְּרִיטִים בְּאֶרֶץ יִשְׂרָאֵל? ______________

3. לָמָּה הִגְבִּילוּ הַבְּרִיטִים אֶת הָעֲלִיָּה לָאָרֶץ? ______________

4. מִי הֶחְלִיט לְהָקִים בְּאֶרֶץ יִשְׂרָאֵל שְׁתֵּי מְדִינוֹת? ______________

5. לָמָּה הִתְנַגְּדוּ הָעֲרָבִים לִשְׁתֵּי מְדִינוֹת בָּאָרֶץ? ______________

ה. כְּתֹב בְּעֶזְרַת צוּרוֹת שֶׁל "מֻכְרָח" כְּפֹעַל עֵזֶר:

1. אַתָּה נִזְהָר כְּשֶׁאַתָּה נוֹהֵג. ______________

2. אֲנַחְנוּ נִזְכָּרִים בַּכְּתֹבֶת שֶׁלָּהּ. ______________

3. הֵם נִכְנָסִים לַהַרְצָאָה מֻקְדָּם. ______________

4. הָרְחוֹבוֹת הַיְשָׁנִים נֶהֱרָסִים. ______________

5. מִנְהָרָה נֶחֱצֶבֶת בָּהָר. ______________

ו. כְּתֹב בְּמִשְׁפָּט אֶחָד:

1. יֵשׁ שִׁשָּׁה הָרִים, וְכֻלָּם גְּבוֹהִים. ______________

2. אֲנַחְנוּ שְׁלֹשָׁה, וַאֲנַחְנוּ עֲיֵפִים מֵהַלִּמּוּדִים. ______________

3. יֵשׁ שְׁלֹשָׁה יִשּׁוּבִים חֲדָשִׁים, וְכֻלָּם קְטַנִּים. ______________

4. יֵשׁ שָׁלֹשׁ כִּתּוֹת לְעִבְרִית, וְהֵן מְלֵאוֹת. ______________

5. אַתֶּן אַרְבַּע, וְאַתֶּן מְמַהֲרוֹת הַבַּיְתָה. ______________

ז. כְּתֹב מֵחָדָשׁ בְּעָבָר שֶׁל הָרֶגֶל:

1. הַבֹּקֶר הִתְקַלַּחְנוּ בְּמַיִם חַמִּים. בַּקַּיִץ, __________ בְּמַיִם קָרִים.

2. בָּנוּ חוֹמוֹת מִסָּבִיב לֶעָרִים. בַּתְּקוּפָה הָעַתִּיקָה, __________

3. גִּלִּיתֶם דָּבָר חָדָשׁ. בִּזְמַן הַחֲפִירוֹת, __________ כָּל שָׁבוּעַ.

4. הַתּוֹשָׁבִים חִלְּקוּ בֵּינֵיהֶם אֶת הָאֹכֶל. בִּתְקוּפַת מִלְחָמָה, __________

ח. עֲנֵה:

1. אֵיךְ שָׂמִים מָצוֹר עַל עִיר?

____

____

2. אֵיפֹה בָּאב אֶל וָאד?

____

____

3. מַה הָיָה חָסֵר לַיְּהוּדִים בִּירוּשָׁלַיִם בִּזְמַן הַמָּצוֹר?

____

____

ט. כְּתֹב בֶּעָבָר:

1. הָאָרֶץ נִכְבֶּשֶׁת מִידֵי הַטּוּרְקִים. ______

2. אֲנַחְנוּ נִזְהָרִים כְּשֶׁאֲנַחְנוּ חוֹצִים אֶת הַכְּבִישׁ. ______

3. אַתֶּם נִשְׁאָרִים בַּבַּיִת. ______

4. בָּתִּים נֶהֱרָסִים בִּזְמַן מִלְחָמָה. ______

י. כְּתֹב אֶת חֵלֶק ט לְמַעְלָה בֶּעָתִיד:

1. ______

2. ______

3. ______

4. ______

יא. כְּתֹב בְּמִשְׁפָּט אֶחָד, בְּעֶזְרַת צוּרוֹת שֶׁל "מִ-" לְחֵלֶק מֵרַבִּים:

דֻּגְמָה: הֵם רַבִּים, וְרַק אֶחָד מְדַבֵּר עִבְרִית. *רַק אֶחָד מֵהֶם מְדַבֵּר עִבְרִית.*

1. הֱיִיתֶם שְׁמוֹנָה, וְאֶחָד הָיָה בַּצָּבָא. ______

2. הָיִינוּ רַבִּים, וְרַק שְׁנַיִם הָיוּ חֲרוּצִים. ______

3. הֵם הָיוּ עֲשָׂרָה, וּשְׁלֹשָׁה נָסְעוּ בַּשַּׁיָּרוֹת לָעִיר. ______

4. הֵם קְבוּצָה, וּשְׁנַיִם הִתְנַגְּדוּ לָשִׂים מָצוֹר. ______

יב. סַמֵּן אֶת הָאֶפְשָׁרוּת הַנְּכוֹנָה:

1. יֵשׁ לִי יוֹתֵר כֶּסֶף (מִ/מֵאֲשֶׁר) לְךָ.
2. אַתָּה יוֹתֵר עָשִׁיר (מִ/מֵאֲשֶׁר) יוֹסֵף.
3. בַּכִּתָּה יֵשׁ פָּחוֹת (מֵ/מֵאֲשֶׁר) עֶשְׂרִים תַּלְמִידִים.
4. לַעֲשׂוֹת יוֹתֵר קָשֶׁה (מִ/מֵאֲשֶׁר) לְדַבֵּר.
5. אֲנִי יוֹתֵר אוֹהֶבֶת אֲנָשִׁים שֶׁעוֹשִׂים (מֵ/מֵאֲשֶׁר) אֲנָשִׁים שֶׁמְּדַבְּרִים.

יג. כְּתֹב מֵחָדָשׁ בְּעָבָר שֶׁל הֶרְגֵּל:

1. לָמַדְנוּ כָּל הָעֶרֶב. לִפְנֵי בְּחִינוֹת סוֹפִיּוֹת,______________
2. הִתְלַבַּשְׁתֶּם בְּחָמֵשׁ דַּקּוֹת. בִּימֵי הַשָּׁבוּעַ,______________
3. הִיא נִכְנְסָה לַמִּטְבָּח שֶׁלָּנוּ. כְּשֶׁהִיא הָיְתָה רְעֵבָה,______________
4. הִסְתַּכַּלְתְּ בַּטֶּלֶוִיזְיָה. כָּל עֶרֶב בְּ-8,______________

יד. כְּתֹב בְּמִשְׁפָּט אֶחָד (שִׂים לֵב: חֵלֶק מֵהַמִּסְפָּרִים הֵם "הַכֹּל"; אֲחֵרִים הֵם "רַק חֵלֶק"):

1. יֵשׁ תֵּשַׁע מְדִינוֹת בְּמַעֲרַב אֵרוֹפָּה, וְכֻלָּן חֲזָקוֹת.______________
2. הָיוּ חֲמִשָּׁה פַּחִים, וְכֻלָּם הָיוּ מְלֵאִים. ______________
3. הֵם שְׁנַיִם, וְהֵם בִּקְּרוּ כְּבָר בְּיִשְׂרָאֵל. ______________
4. אַתֶּם עֲשָׂרָה, וּשְׁנַיִם גִּבּוֹרִים. ______________
5. יֵשׁ אַרְבָּעָה כְּבִישִׁים, וְכֻלָּם סְגוּרִים. ______________
6. הָיוּ אַרְבַּע בְּחִינוֹת, וְהֵן הָיוּ קַלּוֹת. ______________
7. הֵם אַרְבָּעָה. הֵם חַיָּלִים בַּצָּבָא. ______________
8. אֲנַחְנוּ רַבִּים, וְרַק אֶחָד מַכִּיר אֶת הַדֶּרֶךְ. ______________

טו. נָכוֹן אוֹ לֹא? אִם נָכוֹן, סַמֵּן בְּ-✔:

__1. הַמָּצוֹר עַל יְרוּשָׁלַיִם נִמְשַׁךְ חֲצִי שָׁנָה בְּעֵרֶךְ.

__2. הַיְּהוּדִים בִּירוּשָׁלַיִם שָׁלְחוּ מַשָּׂאִיּוֹת עִם אַסְפָּקָה לַלּוֹחֲמִים מִחוּץ לָעִיר.

__3. בְּמַשָּׂאִיּוֹת הָאַסְפָּקָה הָיוּ אֹכֶל וָנֶשֶׁק.

__4. הַסַּכָּנָה הַגְּדוֹלָה בְּיוֹתֵר הָיְתָה בְּחֵלֶק הַכְּבִישׁ שֶׁבֵּין שַׁעַר הַגַּיְא לִירוּשָׁלַיִם.

__5. הַכְּבִישׁ מִשַּׁעַר הַגַּיְא לִירוּשָׁלַיִם רָחָב וְיָשָׁר.

__6. מִשַּׁעַר הַגַּיְא לִירוּשָׁלַיִם צָרִיךְ לִנְסֹעַ בַּעֲלִיָּה.

טז. כְּתֹב בֶּעָתִיד:

1. הָעִיר לֹא נָפְלָה. ______________

2. כָּל הַמַּשָּׂאִיּוֹת הִגִּיעוּ בְּשָׁלוֹם. ______________

3. לֹא יָדַעְנוּ מִלְחָמוֹת. ______________

4. הֵם עָשׂוּ מַה שֶּׁהֵם הִבְטִיחוּ. ______________

5. לֹא הִתְנַגַּדְתֶּם לַשָּׁלוֹם. ______________

6. שַׂמְתְּ הַכֹּל בַּמָּקוֹם. ______________

7. הַבָּתִּים נִבְנוּ מֵאֶבֶן יְרוּשַׁלְמִית. ______________

8. מִשְׁטֶרֶת הַתְּנוּעָה סָגְרָה אֶת הַכְּבִישׁ. ______________

9. הֵבֵאנוּ לָכֶם אַסְפָּקָה לְחֹדֶשׁ. ______________

10. הֵם חִלְּקוּ בֵּינֵיהֶם אֶת הַמְּעַט שֶׁהָיָה. ______________